Introduction

Unit 1

The present tense – regular verbs
The present tense – *faire*
The present tense – irregular verbs (1)   7
The present tense – irregular verbs (2)   8
Using adjectives (1)   9
Using adjectives (2)   10
Reflexive verbs (1)   11
Reflexive verbs (2)   12

Unit 2

The perfect tense – regular verbs with *avoir*   13
The perfect tense – irregular verbs with *avoir*   14
The perfect tense of *aller*   15
The perfect tense – verbs with *être*   16
The perfect tense – verbs with *avoir* and *être*   17
The perfect tense – asking questions   18
The perfect tense in the negative   19
Adverbs of time (frequency)   20

Unit 3

The imperfect tense (1)   21
The imperfect tense (2)   22
The imperfect tense (3)   23
The comparative   24
The superlative   25

Unit 4

Using negative expressions (*rien, jamais, personne*)   26
Using the verbs *venir* and *aller*   27
Using the verbs *pouvoir* and *vouloir* (1)   28
Using the verbs *pouvoir* and *vouloir* (2)   29
Masculine and feminine nouns for people   30
Referring to past, present and future   31

Unit 5

The future tense – regular verbs   32
The future tense – irregular verbs (1)   33
The future tense – irregular verbs (2)   34
The future tense with expressions of future time   35
Expressions of time (past, present, future)   36
Using different tenses   37

Unit 6

Using adverbs   38
Using the imperative   39
The perfect tense of reflexive verbs   40
Expressions with *avoir*   41
Some expressions of time   42

Unit 7

The pronouns *le, la, les*   43
The pronouns *lui, leur*   44
Using the pronoun *en*   45
Using *qui* and *que*   46
Using past tenses (1)   47
Using past tenses (2)   48

Unit 8

Using pronouns – *me, te, nous, vous*   49
Using the verb *devoir*   50

Grammaire   51

its

3

If you understand the grammatical rules or patterns of a language, it's a real short cut towards learning the language. It will save you having to learn each word or phrase separately.

By working through the **Grammar in Action** series, you will practise many of the basic points of French grammar. This will be a great help to you in understanding and using the French language.

How to use this book

At the top of each page you will see some references, like these:

G 3.3 This tells you where you can find an explanation of the grammar point in the *Grammaire* section at the end of the book.

ET3 p 40 This tells you where the point is practised in the *Encore Tricolore 3* nouvelle édition Student's Book.

Before beginning each task, look at the instruction and the example first.

Some pages start with a section called *Complète le résumé*. This is a short summary of the grammar point that you will be practising. You could try this before looking up the rule and when you have done it, check that your answers are correct before you carry on.

Useful definitions

Some grammatical terms are used in the books and these are explained below. Have a quick look through this now and then refer back to it, if you need to, as you work through the book.

Nouns (*des noms*)
A noun is the name of someone or something or the word for a thing, e.g. Ben, Miss Smith, box, pencil, laughter.

Masculine and feminine (*masculin et féminin*)
All nouns in French are either masculine or feminine. (This is called their **gender**.) The **article** (word for 'a' or 'the') will usually tell you the gender of a noun.

	masculine	feminine
a	*un*	*une*
the	*le*	*la*

Singular and plural (*le singulier et le pluriel*)
A singular noun means that there is only one thing or person. In English, 'cat', 'teacher', 'idea' and 'table' are all nouns in the singular. Similarly in French, *le chat, le professeur, l'idée* and *la table* are all singular nouns. A plural noun means that there is more than one thing or person. For example, 'students', 'books', 'shops' are all plural nouns in English, just as *les étudiants, les livres* and *les magasins* are all plural nouns in French.

Adjectives (*des adjectifs*)
Adjectives are words which tell you more about a noun and they are often called 'describing words'.

In the sentence 'Néron is a large, very fierce, black and white dog' (*Néron est un grand chien noir et blanc et très méchant*), the words big (*grand*), fierce (*méchant*), black (*noir*) and white (*blanc*) are adjectives. In French, adjectives agree with the noun. That is, they are masculine, feminine, singular or plural to match the noun they describe.

Verbs (*des verbes*)
Every sentence contains at least one verb. Most verbs say what things or people are doing (but the verb 'to be' also counts as a verb), e.g. he buys (*il achète*), I am (*je suis*), she plays (*elle joue*).

Sometimes verbs describe the state of things, e.g.

| *Il fait beau.* | The weather is fine. |
| *J'ai deux frères.* | I have two brothers. |

Verbs in French have different endings depending on the person (I, you, he, she etc.).

Infinitive (*l'infinitif*)
This is the form of the verb which you would find in a dictionary. It means 'to . . .', e.g. 'to play' (*jouer*). The infinitive never changes its form.

Prepositions (*des prépositions*)
A preposition is a word like 'at', 'from', 'in' (*à, de, dans*).

It often tells you something about where a thing or a person is.

Glossary
Complète . . .
Complete . . .

les bulles	*la lettre*	*le message*
the bubbles	the letter	the message
les phrases	*le résumé*	*le tableau*
the sentences	the summary	the table

. . . avec la forme correcte du verbe
. . . with the correct form of the verb

. . . avec un mot de la case
. . . with a word from the box

Choisis la bonne réponse	Choose the right answer
Coche les bonnes cases	Tick the right boxes
Décris . . .	Describe . . .
Écris . . .	Write . . .
Fais des listes/phrases	Make lists/sentences
Lis . . .	Read . . .
Mets les mots/phrases dans l'ordre	Put the words/sentences in the right order
Remplis les blancs	Fill in the gaps
Réponds . . .	Answer . . .
Souligne les mots	Underline the words
Trouve les paires/ le bon texte/ les bonnes images	Find the pairs/ the right text/ the right pictures
Utilise . . .	Use . . .

► **G** 14.1 ou **ET3** p 8

1 Complète le tableau

	jouer (to play)	**vendre** (to sell)	**finir** (to finish)
je	jou**e**	....	....
tu	....	vend**s**	....
il/elle/on	....	....	....
nous	jou**ons**	....	fin**issons**
vous	....	vend**ez**	....
ils/elles	....	....	....

Pour t'aider

Regular verbs follow one of these patterns.

-**er**   -**re**   -**ir**

2 Souligne le bon mot

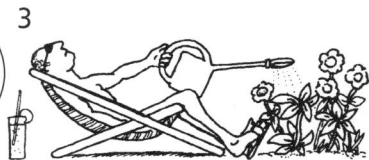

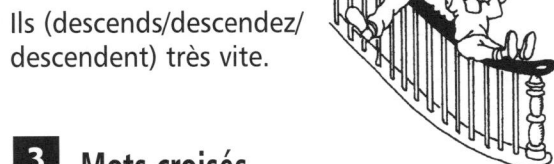

1 Je (jouez/joue/jouent) au basket.

2 Tu (entends/entendez/entendent) quelque chose?

3 Il (travaille/travaillez/travaillent) dans le jardin.

4 Elle (choisis/choisit/choisissez) un nouveau jean.

5 Nous (vends/vend/vendons) des plantes.

6 Vous (finis/finissez/finissent) à quelle heure?

7 Ils (descends/descendez/descendent) très vite.

8 Elles (regarde/regardons/regardent) un film.

3 Mots croisés

Horizontalement

1 Mes parents . . . dans un hôpital. (*travailler*)
6 . . . arrive à quelle heure, ton frère?
7 Qu'est-ce que . . . choisis comme plat principal?
9 Est-ce que tu . . . ta guitare? (*vendre*)
10 Ma sœur . . . des leçons de musique. (*donner*)
12 Je regarde souvent . . . sites sur le cinéma.
14 Moi, . . . ne réponds pas souvent en classe.
15 Quand est-ce que vous . . . au magasin? (*finir*)

Verticalement

1 Vous . . . qu'on mange bien au Maroc? (*trouver*)
2 Mon ami . . . l'autobus. (*attendre*)
3 Tu . . . cette musique? (*aimer*)
4 . . . rend le livre à la bibliothèque.
5 Vous . . . ce qu'on dit? (*entendre*)
8 Il pleut, alors je . . . à la maison. (*rester*)
11 Il . . . réussit pas à faire marcher l'ordinateur.
13 . . . parle français et arabe au Maroc.
14 . . . cherche des correspondants francophones.

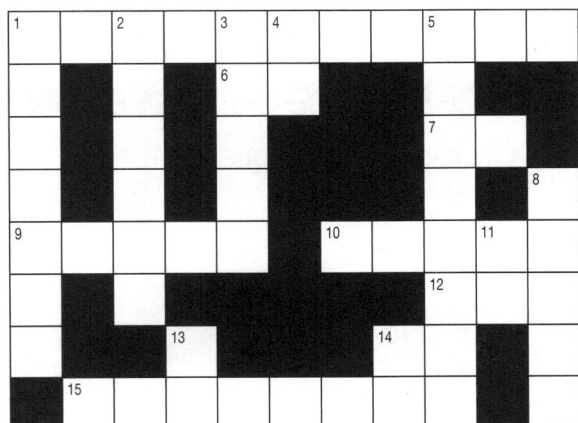

5

▶ **G** 14.3

1 Complète le tableau

faire (to do, to make)

je	....*fais*....	nous	....
tu	....	vous	....
il/elle/on	....	ils/elles	....

faisons	fait
~~fais~~	font
faites	fais

2 Trouve les paires

Exemple: faire de l'équitation ....*h*....   a to go sailing

1 faire les courses   ....   b to do the washing up

2 faire une promenade   ....   c It's nice weather.

3 Quel temps fait-il?   ....   d to do the housework

4 Ça fait combien?   ....   e What is the weather like?

5 faire de la voile   ....   f How much is it?

6 faire le ménage   ....   g to go for a walk

7 faire la vaisselle   ....   h to go horse-riding

8 Il fait beau.   ....   i to do the shopping

3 Complète la lettre

Salut!

Comme il ...*fait*... très mauvais aujourd'hui, je ne (1) .... pas de

cyclisme après tout; je (2) .... mes devoirs et je t'écris cette lettre.

Ce week-end, nous allons (3) .... du camping, s'il (4) ....

assez chaud. Qu'est-ce que tu (5) .... le week-end quand il

(6) .... beau? Est-ce que vous (7) .... des excursions

en vélo, toi et tes amis?

Mes cousins habitent à la montagne et ils (8) .... du ski en hiver.

Quelquefois, je passe le week-end chez eux et nous (9) .... de longues

promenades. Est-ce que tu (10) .... du ski dans ton pays?

À bientôt,

Florent (Florence)

► **G** 14.3

1 Complète le tableau

infinitif	anglais	présent
acheter	to buy	*j'achète*
aller		je vais
avoir	to have	tu ....
boire		il ....
connaître		tu ....
croire	to believe, to think	elle ....
dire		on ....
écrire		j'écris
envoyer		j' ....
espérer	to hope	j' ....
essayer	to try	tu ....
être		il ....
faire	to do, to make	elle ....
lire		on ....
mettre	to put, to put on	je ....
ouvrir		j' ....
partir		tu ....
pouvoir	to be able	je ....
préférer		je ....
prendre		il ....
– apprendre*	to learn	elle ....
– comprendre*	to understand	je ....
recevoir	to receive	tu ....
savoir	to know how to	tu ....
sortir		elle ....
venir		on ....
voir		je ....
vouloir	to want, to wish	tu ....

* These verbs follow the same pattern as *prendre*.

2 Trouve les paires

Exemple: Je crois que non. ......*e*......

1 Qu'est-ce qu'il y a? ....
2 Venez par ici. ....
3 Comment ça s'écrit? ....
4 Nous sommes le combien? ....
5 Comment dit-on cela en français? ....
6 Tu le vois? ....
7 On y va? ....
8 Ça y est. ....

a What date is it?
b That's it!
c Can you see it?
d How do you say that in French?
e I don't think so.
f What's the matter?
g How is that spelt?
h Shall we go?
i Come this way.

1 **Un acrostiche**

Exemple: Est-ce que tu . . . la question? (*comprendre*)

1 Je . . . que oui. (*croire*)

2 Il . . . la fenêtre. (*ouvrir*)

3 Qu'est-ce qu'elle . . . pour la fête? (*mettre*)

4 Le train . . . à quelle heure? (*partir*)

5 J'. . . à ma correspondante. (*écrire*)

6 Ils . . . du thé tous les jours. (*boire*)

7 Nous . . . à quelle heure ce soir? (*sortir*)

8 Qu'est-ce que tu . . .? (*dire*)

9 Je ne . . . pas bien. (*voir*)

Ex.

```
   1  C
   2  O
   3  M
   4  P
 5     R
6      E
7      N
    8  D
  9    S
```

2 **Complète la conversation**

Exemple: Tu (*être*) __es_____ française?

– Non, je (1 *être*) _____ américaine.

– D'où (2 *venir*) _____-tu exactement?

– Je (3 *venir*) _____ de New York.

– Tu (4 *aller*) _____ au collège ici?

– Oui, je (5 *aller*) _____ au lycée international. Mes parents
  (6 *être*) _____ profs au lycée.

– Tu (7 *comprendre*) _____ bien le français.

– Merci. Nous (8 *apprendre*) _____ le français au lycée, et
  j' (9 *essayer*) _____ de parler en français avec mes amis.

– (10 *être*) _____-tu contente d'être ici?

– Ah oui. Je (11 *croire*) _____ que vivre dans un autre pays est une
  très bonne expérience.

► G 3.1 ou ET3 p 12

1 Complète le tableau d'adjectifs

anglais	français			
	singulier		pluriel	
	masculin	**féminin**	**masculin**	**féminin**
Regular adjectives				
Most adjectives add an **-e** for the feminine and **-s** for the plural.				
big	*grand*			*grandes*
heavy	*lourd*			
high	*haut*			
interesting			*intéressants*	
short		*courte*		
slow		*lente*	*lents*	
small		*petite*		
Adjectives which end in **-é**, **-i** or **-u** change in spelling but sound the same.				
curly		*frisée*	*frisés*	
old	*âgé*			
favourite		*préférée*		
tired		*fatiguée*		
pretty	*joli*			
blue	*bleu*			*bleues*
Adjectives which already end in **-e** (without an accent) have the same form in the feminine.				
young	*jeune*			
easy				*faciles*
slim			*minces*	
straight		*raide*		
Adjectives which end in **-s** do not change in the masculine plural.				
French	*français*			
English		*anglaise*		
Some adjectives double the last letter before adding an **-e** for the feminine.				
good	*bon*	*bonne*		*bonnes*
average		*moyenne*	*moyens*	
large, fat	*gros*	*grosse*		
Other special patterns				
Adjectives ending in **-er**				
dear, expensive			*chers*	*chères*
Adjectives ending in **-eux**				
lazy	*paresseux*			*paresseuses*
happy		*heureuse*	*heureux*	
Adjectives ending in **-f**				
active	*actif*			*actives*
sporty		*sportive*	*sportifs*	
Irregular adjectives				
white	*blanc*	*blanche*		
long	*long*	*longue*		
These adjectives have a special form before a masculine noun beginning with a vowel.				
new	*nouveau (nouvel)*	*nouvelle*		
old	*vieux (vieil)*		*vieux*	
beautiful	*beau (bel)*	*belle*	*beaux*	

► **G** 3.1 ou **ET3** p 12

1 Écris l'adjectif au féminin

Exemple: un grand jardin, une _grande_ .... maison

1 un joli village, une .... ville

2 un garçon sportif, une fille ....

3 un animal dangereux, une activité ....

4 un pantalon blanc, une chemise ....

5 un vieux château, une .... église

6 un nouveau prof, une .... personne

7 il est assez bavard, elle est assez ....

8 le chat est mignon, la souris est ....

2 Écris l'adjectif au pluriel

Exemple: un chat noir, deux chats _noirs_ ....

1 un petit chien, trois .... chiens

2 une personne importante, des personnes ....

3 un oiseau magnifique, des oiseaux ....

4 un bon ami, de .... amis

5 mon livre préféré, mes livres ....

6 elle est un peu paresseuse, elles sont un peu ....

7 je suis fatigué, nous sommes ....

8 une voiture grise, deux voitures ....

3 Complète les phrases

Ex.   1

Exemple: Le chat est _fatigué_ ....

1 La valise est ....

2 Les chaussures sont trop ....

3 Elle porte une jupe ....

4 Il a les cheveux ....

5 Elle a les cheveux ....

2

3   4   5

4 Des correspondants

Complète les phrases.

Je voudrais un correspondant (*français*) _français_ .... qui s'intéresse à la musique
(1 *moderne*) .... et aux jeux (2 *électronique*) ....

Je voudrais écrire à une fille (3 *anglais*) ...., (4 *irlandais*) .... ou
(5 *écossais*) .... qui aime les histoires (6 *mystérieux*) .... et les
films (7 *amusant*) ....

J'habite à Barcelone et tous mes amis sont (8 *espagnol*) ...., mais ma mère est
(9 *français*) .... Je voudrais correspondre avec d'autres filles (10 *français*)
.... qui habitent en Espagne.

Je cherche des correspondants (11 *américain*) ...., si possible des garçons qui
s'intéressent au football (12 *américain*) ....

1 Complète le tableau

se laver (to wash oneself)

je *me* lave		nous .... lavons	
tu .... laves		vous .... lavez	
il .... lave		ils .... lavent	
elle .... lave		elles .... lavent	
on .... lave			

2 Lexique

français	anglais
1 *s'amuser*	to enjoy oneself, have fun
2 *s'appeler*	....
3 *se coiffer*	to do one's hair
4 *se coucher*	....
5 *se dépêcher*	....
6 *s'entendre*	....
7 *se fâcher*	to be angry
8	to get dressed
9 *s'intéresser (à)*	.... (in)
10	to wash (oneself)
11	to get up
12 *s'occuper (à)*	to be busy (with)
13 *se reposer*	....
14 *se ressembler*	....
15 *se réveiller*	....
16 *se terminer*	....

3 Des questions et des réponses

a *Complète les questions*

Exemple: Tu te ___*réveilles*___ à quelle heure en semaine? (*se réveiller*)

1 Qui se .... le premier chez vous? (*se lever*)

2 Comment t'..................-tu de préférence le week-end? (*s'habiller*)

3 On se .... à quelle heure normalement chez vous? (*se coucher*)

4 Est-ce que tu t'.................. bien avec tes parents? (*s'entendre*)

5 Les cours se .... à quelle heure? (*se terminer*)

b *Complète les réponses*

Exemple: Je ___*me réveille*___ à sept heures. (*se réveiller*)

a Les cours .... à quatre heures. (*se terminer*)

b Le week-end, je .... en jean et en pull. (*s'habiller*)

c Ma mère .... la première chez nous. (*se lever*)

d On .... vers onze heures. (*se coucher*)

e Oui, en général, je .... bien avec mes parents. (*s'entendre*)

c *Trouve les paires*

Exemples, 1 ...., 2 ...., 3 ...., 4 ...., 5 ....

► **G** 11.2, 14.2

1 Complète le tableau

je ...*ne*... me lave ...*pas*...   nous .... nous lavons ....
tu .... te laves ....   vous .... vous lavez ....
il .... se lave ....   ils .... lavent pas
elle ne .... lave ....   elles .... se lavent ....

Pour t'aider

To make a reflexive verb negative, put *ne* before the reflexive pronoun and *pas* after the verb.

2 Napoléon et Néron

a *Complète les phrases.*

Exemple: J'ai deux chats. Ils (s'appeler)
...*s'appellent*... Napoléon et Néron.
Ils (1 *se ressembler*) ....
physiquement, mais ils ne (2 *s'entendre*)
.... pas. Néron (3 *se
réveiller*) .... de bonne
heure. Il (4 *se lever*) ....
et il (5 *se laver*) ....
Napoléon ne (6 *se lever*)
.... pas. Il (7 *se
reposer*) ....
Néron (8 *s'amuser*) ....
dans le jardin. Napoléon ne
(9 *s'intéresser*) .... à
rien. Si on l'encourage à sortir, il (10 *se
fâcher*) .... Mais à
minuit, quand Néron (11 *se coucher*)
.........................., Napoléon
(12 *se réveiller*) ....
Il (13 *se laver*) ...., il
(14 *se lever*) .... et il
sort s'amuser.

b *Complète les textes à la forme négative.*
Exemple:

Pendant la journée, Napoléon *ne se
lève pas* (se lever)

Pendant la journée,
Néron ....
....
(*se reposer*)

Pendant la journée
Napoléon
....
....
(*s'amuser*)

Pendant la nuit,
Napoléon
....
....
(*se coucher*)

Et Néron
....
....
(*se réveiller*)

3 Le week-end, c'est différent

Complète les phrases à la forme négative.

En semaine, . . .
Exemple:
   je m'occupe à faire mes devoirs le soir;

1 je me lève à sept heures;
2 je m'habille en uniforme scolaire;
3 je me dépêche;
4 je m'ennuie;
5 je me couche de bonne heure.

Mais le week-end, . . .
Exemple:
je *ne m'occupe pas à faire mes devoirs, le soir*;

1 je ....;
2 je ....;
3 je ....;
4 je ....;
5 je ....;

1 Complète le tableau

jouer (to play)	**finir** (to finish)	**répondre** (to answer)
j'ai **joué**	j'ai	j' .... répondu
tu as	tu as	tu .... répondu
il/elle/on a	il/elle/on a	il/elle/on .... répondu
nous avons	nous avons	nous .... répondu
vous .... joué	.... avez fini	vous avez ....
ils/elles ont	ils/elles ont	ils/elles .... répondu

2 Les devoirs, c'est facile avec un ordinateur?

Remplis les blancs avec le participe passé.

Exemple: J'ai _**décidé**_ de faire mes devoirs avec l'ordinateur. (*décider*)

1 J'ai .... mes devoirs à 4 heures. (*commencer*)

2 J'ai .... l'ordinateur. (*allumer*)

3 J'ai bien .... (*travailler*)

4 J'ai .... mon devoir d'histoire. (*finir*)

5 J'ai .... mon travail. (*sauvegarder*)

6 Puis, on a .... à la porte. (*sonner*)

7 J'ai .... – c'était une amie. (*répondre*)

8 Nous avons .... pendant dix minutes. (*discuter*)

Je suis retourné à l'ordinateur, mais quelle horreur, l'ordinateur ne marchait pas!

3 Complète les phrases avec le verbe au passé composé

Exemple: J'_**ai consulté**_ le manuel. (*consulter*)

1 J'................ le problème à ma sœur. (*expliquer*)

2 Nous .... beaucoup de choses. (*essayer*)

3 J'................ pendant quelques minutes. (*réfléchir**)

4 Ma sœur .... la prise de courant*. (*changer*)

5 Nous .... quelques instants. (*attendre*)

6 J'................ ma montre. Il était 6 heures. (*regarder*)

7 J'................ d'écouter la radio. (*décider*)

Silence – il y avait une panne d'électricité*!

> * *réfléchir* to think
> * *une prise de courant* an electric plug
> * *une panne d'électricité* an electrical failure

1 Complète la liste

Many common verbs have an irregular past participle. Check that you know them by completing this list.

anglais	infinitif	participe passé
to have	*avoir*	*eu*
....	*boire*	....
to say	*dire*	....
....	*écrire*	*écrit*
to be	*être*	....
to do, to make	*faire*	....
to read	*lire*	....
....	*mettre*	....
....	*ouvrir*	*ouvert*
to be able, can	*pouvoir*	....
to take	*prendre*	....
to receive	*recevoir*	....
....	*rire*	*ri*
to see	*voir*	....
....	*vouloir*	*voulu*

pris	*lu*
mis	*bu*
vu	*fait*
dit	*pu*
été	~~*eu*~~
reçu	
to open	to laugh
to drink	to put (on)
to write	to want (to)

2 Une journée à l'école

Complète les phrases.

a Luc

Exemple: Luc *a pris* .... son petit déjeuner à 7 heures. (*prendre*)

1 Il .... l'autobus au coin de la rue. (*attendre*)

2 Il .... un ami dans la rue. (*voir*)

3 Il .... ses devoirs de maths dans le bus. (*faire*)

4 Puis il .... un magazine. (*lire*)

5 Au collège, il .... maths en premier cours. (*avoir*)

6 À midi, il .... à la cantine. (*déjeuner*)

7 Il .... un jus d'orange. (*boire*)

b Claire et Marc

Exemple: Claire et Marc *ont quitté* .... la maison à 7h30. (*quitter*)

1 À la gare, ils .... le train pour Dieppe. (*prendre*)

2 Puis ils .... une liste de vocabulaire. (*apprendre*)

3 Et ils .... pour un contrôle. (*réviser*)

4 À Dieppe, ils .... leur prof d'anglais. (*voir*)

5 Au collège, ils .... biologie en premier cours. (*avoir*)

6 L'après-midi, ils .... de la gymnastique. (*faire*)

7 Les cours .... à 17 heures. (*finir*)

3 Décris une journée à l'école typique

J'ai quitté la maison à ....

Au collège, les cours ont commencé à ....

Le matin, nous avons eu ....

À midi, j'ai mangé ....

.... et j'ai bu ....

....

L'après-midi – avoir maths/anglais/ ....

Les cours – finir à 4h/4h30/ ....

Le soir – faire mes devoirs/regarder la télé/lire un magazine/jouer à l'ordinateur/ ....

....

▶ **G** 10.5c; 14.3 ou **ET**3 p 26

1 Complète le résumé

1 The perfect tense of *aller* uses .... as its auxiliary verb.
2 When the perfect tense is formed with *être*, the .... has to agree with the subject of the verb.
3 You add an extra -e to the past participle if the subject is ....
4 You add an extra -s if the subject is ....
5 You add an extra .... if the subject is feminine and plural.

| feminine |
| *être* |
| past participle |
| plural |
| -es |

Complete the perfect tense of **aller** *by adding the correct part of the present tense of* **être**.

je .... allé(e)   nous .... allé(e)s
tu .... allé(e)   vous .... allé(e)(s)
il .... allé   ils .... allés
elle .... allée   elles .... allées
on .... allé(e)(s)

sont	suis
est	es
sommes	sont
êtes	est
est	

2 Où est tout le monde?

Où sont-ils allés en vacances? Complète les réponses.

Exemple: Alphonse est   ***allé en Martinique.***
....

1 Moi, je suis ....
2 Charlotte, tu es ....
3 Marc est ....
4 Nicole est ....
5 Nous sommes ....
6 André et Sophie, vous êtes ....
7 Pierre et Ibrahim sont ....
8 Magali et Claire sont ....

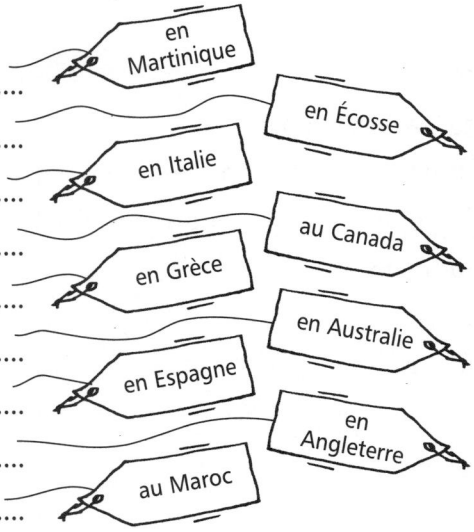

en Martinique
en Écosse
en Italie
au Canada
en Grèce
en Australie
en Espagne
en Angleterre
au Maroc

3 Une journée de vacances

Thomas	Cécile	Daniel	Nathalie
10h30 – aller au supermarché	11h aller à la patinoire	10h: aller aux magasins	11h30, aller à la bibliothèque
14h – aller au match de rugby	15h aller à la piscine	14h: aller au match de rugby	15h, aller à la piscine
20h – aller au concert	20h aller au club de jeunes	20h: aller au club de jeunes	20h, aller au concert

Complète les phrases.

Le matin, . . .   **Exemple:** Thomas   ***est allé au supermarché.*** ....

           1 Cécile ....
           2 Daniel ....
           3 Nathalie ....

L'après-midi, . . . 4 Thomas et *Daniel*   sont allés au ....
           5 Cécile et ....

Le soir, . . .   6 Thomas et ....
           7 Daniel et ....

The perfect tense – verbs with *être* Unité 2

1 Complète le résumé

1 About 13 verbs (mostly verbs of movement and state) form the perfect tense with ....

2 This means that you need to make the past participle .... with the subject of the verb.

3 If the subject is feminine, add an extra ....

4 If the subject is ...., add an extra -s.

5 If the subject is feminine and plural, add ....

6 When you use **on** as the subject, remember that this might be referring to a feminine or plural subject, so you might need to add -e, ... or -es.

agree	-e
-es	*être*
plural	-s

2 Complète le tableau

anglais	infinitif	participe passé
to go	....	....
to come	....	*venu*
to go in	....	....
to go out	*sortir*	....
to arrive	....	....
to leave, to depart	....	*parti*
to go up, to get into a vehicle	*monter*	....
to go down, to get out of a vehicle	....	....
to be born	*naître*	*né*
to die	*mourir*	....
to stay, to remain	*rester*	....
to return, to go back	....	....
to fall	....	*tombé*

3 Une journée à Paris

Complète la conversation avec des verbes au passé composé.

– Qu'est-ce que tu as fait hier, Romain?

– Je .....**suis allé**..... (*aller*) à Montmartre avec Julie. Et toi, Fabien?

– Moi, je .... (1 *sortir*) avec Emeline et nous aussi, nous .... (2 *aller*) à Montmartre.

– C'est vrai? Vous .... (3 *arriver*) là-bas à quelle heure?

– Nous .... (4 *arriver*) vers deux heures.

– Et vous .... (5 *monter*) par le funiculaire?

– Non, nous .... (6 *monter*) par l'escalier. Puis Emeline .... (7 *rester*) sur la terrasse, et moi, je .... (8 *entrer*) dans l'église.

– Et vous .... (9 *partir*) à quelle heure?

– Nous .... (10 *partir*) vers quatre heures et demie. Nous .... (11 *descendre*) par le funiculaire et nous .... (12 *aller*) au café. Nous .... (13 *rester*) là-bas jusqu'à six heures, puis nous .... (14 *rentrer*) en métro.

► **G** 10.5a–c; 14.1; 14.3 ou **ET3** pp 24–26

1 Avoir ou être?

*What do these verbs mean? Do they use **avoir** (A) or **être** (E) in the perfect tense?*

infinitif	anglais	*avoir* ou *être*		infinitif	anglais	*avoir* ou *être*
Exemple: partir	*to leave*	*E*				
1 monter				8 faire		
2 voir				9 manger		
3 visiter				10 acheter		
4 descendre				11 rentrer		
5 trouver				12 regarder		
6 prendre				13 tomber		
7 aller				14 passer		

2 Vacances à Paris

Complète les phrases avec la forme correcte d'avoir ou d'être.

Exemple: *J'ai* .... vu des peintures superbes au Louvre.

1 M. et Mme Levert .... vu La Joconde au musée du Louvre.

2 Luc .... monté au troisième étage de la Tour Eiffel.

3 Nicole et Claire .... trouvé des vêtements pas chers au marché aux puces.

4 Hélène .... visité la cathédrale de Notre-Dame.

5 Nous .... allés sur les Champs-Élysées, où nous .... regardé des magasins très chic.

6 Pierre et Marc .... pris le métro à la Villette, où ils .... visité La Cité des Sciences et de l'Industrie.

3 Complète les phrases avec la forme correcte du passé composé

Exemple: J' (*prendre*) *ai pris* .... un café dans le restaurant du musée.

1 Sophie et Charlotte (*manger*) .... une glace au Jardin du Luxembourg.

2 André (*aller*) .... à Montmartre, où il (*voir*) .... l'église du Sacré-Cœur.

3 Moi, j' (*visiter*) .... l'Arc de Triomphe, où j' (*voir*) .... le tombeau du soldat inconnu.

4 Lise (*faire*) .... du shopping aux Galeries Lafayette et elle (*acheter*) .... des cartes postales.

5 Jean et Christophe (*prendre*) .... l'escalier sur le toit du Centre Pompidou, où ils (*boire*) .... une limonade.

6 Nous (*prendre*) .... le métro à Marne-la-Vallée, et nous (*passer*) .... la journée à Disneyland Paris.

4 Une carte postale de Paris

Utilise les phrases et écris une carte postale de Paris.

Le matin, (*aller*) ...., où (*voir*) ....

À midi, (*faire un pique-nique/manger dans un restaurant*) ....

L'après-midi, (*prendre le bus/le métro, visiter*) ....

....

....

....

► **G** 9; 10.5a–c; 14.1; 14.3 ou **ET3** p 27

1 Complète les questions

Exemple: ___Combien___ d'élèves sont restés à Paris? (How many)

1 .... est parti en vacances? (Who)

2 .... êtes-vous allés? (Where)

3 .... avez-vous voyagé? (How)

4 .... êtes-vous rentrés à la maison? (When)

5 .... êtes-vous restés là-bas? (How long)

6 .... vous avez fait d'intéressant? (What)

7 .... préférez-vous rester en France? (Why)

Où
Qui
Combien de temps
Comment
Pourquoi
Quand
~~*Combien*~~
Qu'est-ce que

2 Mets les mots dans l'ordre

Exemple: Did you have a good weekend?

As-tu / un bon week-end / passé?

As-tu passé un bon week-end?

1 What did you do?

fait / Qu'est-ce que / tu as?

....

2 Did you go into town?

allés / Êtes-vous / en ville?

....

3 Did you buy anything?

acheté / Est-ce que / quelque chose / tu as?

....

4 Did you see the film on TV last night?

le film / As-tu / à la télé / vu / hier soir?

....

5 Did Sophie go riding?

Sophie a / de l'équitation / Est-ce que / fait?

....

3 Une visite récente

Complète les questions.

Exemple: ___Avez___ -vous ___passé___ un bon week-end? (*passer*)

1 Qu'est-ce que vous ....? (*faire*)

2 Comment ....-vous ....? (*voyager*)

3 ....-vous .... au restaurant à midi? (*manger*)

4 Qu'est-ce que tu .... comme plat principal? (*choisir*)

5 Est-ce que tu .... une glace? (*acheter*)

6 Qu'est-ce que vous .... au musée? (*voir*)

7 Ta mère, ...-t-elle .... beaucoup de photos? (*prendre*)

8 Et ton frère, ...-t-il .... un souvenir? (*acheter*)

► **G** 8; 10.5a–c; 14.1; 14.3 ou **ET3** pp 27, 30

1 Questions et réponses

Trouve les paires.

1 Pourquoi n'avez-vous pas téléphoné?	...*d*...	a Non, ils n'ont pas joué dans l'orchestre.
2 Êtes-vous allés au concert?	....	b Non, nous ne sommes pas allés au concert.
3 Tes amis ont-ils joué dans l'orchestre?	....	c Non, je n'ai pas vu ton CD.
4 Sophie, pourquoi n'est-elle pas venue?	....	d Désolé, je n'ai pas eu le temps.
5 Tu n'as pas vu mon CD, par hasard?	....	e Non, il n'y a pas eu de photo dans le journal.
6 Est-ce qu'il y a eu une photo dans le journal?	....	f Parce qu'elle n'a pas fini ses devoirs.

2 Mets les mots dans l'ordre

Exemple: I didn't say that.   pas dit / ça / Je n'ai

      Je n'ai pas dit ça.

1 We didn't have time.   pas eu / Nous n'avons / le temps

2 I didn't understand the question.   la question / pas compris / Je n'ai

3 Sorry, I didn't hear.   je n'ai / Excusez-moi, / pas entendu

4 Unfortunately, she didn't see the film.   elle n'a / Malheureusement, / le film / pas vu

5 They didn't take the car.   Ils n'ont / la voiture / pas pris

6 They didn't go to the cinema.   pas allées / Elles ne sont / au cinéma

7 I didn't go out with my friends.   avec mes amis / pas sorti / Je ne suis

8 You haven't left for the station yet?   à la gare / pas encore partis / Vous n'êtes / ?

3 Ça ne va pas!

Écris ces phrases à la forme négative.

Exemple: J'ai regardé mon émission préférée.

      Je n'ai pas regardé mon émission préférée.

1 J'ai trouvé mon stylo.

2 J'ai fini mes devoirs.

3 J'ai joué avec l'ordinateur.

4 Mes amis ont téléphoné.

5 Nous avons décidé de sortir.

6 Nous sommes allés au cinéma.

▶ **ET3** pp 34–35

1 Trouve l'anglais

1 souvent	_e_	a	every Thursday
2 le samedi matin	....	b	three times a month
3 une fois par semaine	....	c	on Saturday mornings
4 régulièrement	....	d	on Friday evenings
5 tous les jours	....	e	often
6 tous les jeudis	....	f	every week
7 chaque mardi	....	g	four times a year
8 chaque semaine	....	h	every day
9 deux fois par jour	....	i	twice a day
10 trois fois par mois	....	j	regularly
11 quatre fois par an	....	k	every Tuesday
12 le vendredi soir	....	l	once a week

2 Complète l'acrostiche

Pour t'aider, regarde l'anglais.

8 — C H A Q U E S E M A I N E

1 C ... I
2 ... J ... T
3 ... S ... S ... N ...
4 ... R ... È – I ...
5 ... G ... È ...
6 ... E ... S
7 ... O ... E ...

often
on Thursday mornings
every Wednesday
regularly
every Monday
once a month
every week
on Tuesday afternoons

3 Fais des phrases

Exemple:

Je .*joue au foot trois fois par semaine.*

1 Nous ....

2 Il ....

3 On ....

4 Tu .... ?

5 Elle ....

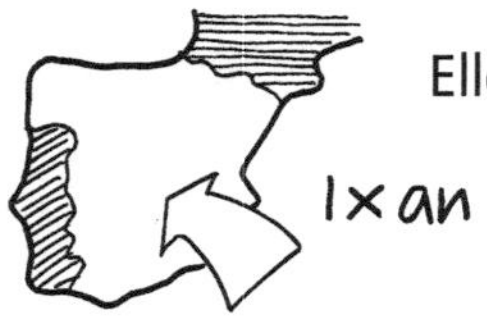

danser   aller en Espagne   regarder des films   jouer au foot   écouter des CD   jouer à l'ordinateur

20

► **G** 10.6 ou **ET3** pp 36–39

1 Complète le résumé

Remplis les blancs avec les mots de la case.

The imperfect tense, (*l'imparfait*), is a ..**past**.............. tense. It is used for:

* talking or writing about what people used to do or how things (1) .... be,
  e.g. *Mes grands-parents **habitaient** dans une ferme et leur vie **était** agréable, mais assez difficile,*
* describing (2) .... actions in the past, e.g. *Tous les jours, ils **travaillaient** dans les champs*; (3) .... a state of affairs, e.g. the weather, *il **faisait** beau et le soleil **brillait***;
* describing what something or someone looked like, e.g. *La mer **était** très bleue*;
* or felt like, e.g. *Les enfants* (4) .... *tous très fatigués.*

The verb in the imperfect tense is always just (5) .... word.

The endings are (6) .... for all verbs in the imperfect tense. They are:

je **-ais**	nous **-ions**
tu **-ais**	vous **-iez**
il/elle/on (7)	ils/elles (8) ....

-aient   -ait
describing
étaient
one   ~~past~~
repeated
the same
used to

2 Trouve l'anglais

Encercle la bonne traduction.

Exemple: J'habitais en France.
  a I'm going to live in France.
  (b I used to live in France.)

1 Il faisait très beau au Sénégal.
  a The weather was very good in Senegal.
  b The weather will be good in Senegal.

2 Nous travaillions tous les jours.
  a We work every day.
  b We worked every day.

3 Il y avait beaucoup de personnes au match.
  a There are lots of people at the match.
  b There were lots of people at the match.

4 Le concert? Ah oui, c'était vraiment super!
  a The concert? Yes, it was really great!
  b The concert? Yes, it will be really great!

3 Les arbres dans la ville

Souligne les verbes à l'imparfait.

Les arbres dans la ville

Dans la ville où vous habitez, il y a probablement des arbres dans les rues et dans les parcs, mais ce n'<u>était</u> pas toujours comme ça. Avant l'an 1500, il n'y avait pas d'arbres dans les villes en Europe. Mais pendant le 16e siècle, quand on faisait des expéditions dans les pays étrangers, les explorateurs y découvraient une grande variété de plantes et d'arbres nouveaux. Ils ramenaient des graines dans leurs pays, et les botanistes essayaient de les faire pousser dans les jardins royaux ou sur les places urbaines. De nos jours, en Europe, il y a plus de 400 sortes d'arbres qui existaient autrefois uniquement dans les pays étrangers. Quand vous admirez les arbres dans votre jardin public, n'oubliez pas que le magnolia poussait autrefois en Amérique du Nord et le marronnier* montrait ses belles fleurs roses aux habitants de la Grèce.

le marronnier = chestnut tree

The imperfect tense (2) unité 3

1 Complète le résumé

The endings for the imperfect tense are:

je	*-ais*	nous	-ions
tu	-ais	vous	(2) ....
il/elle/on	(1)	ils/elles	-aient

-iez	-ait	~~-ais~~	-ç-
-ons	commenç-		étais
finissais	mangeais		
present	vend-	voy-	

To form the imperfect tense of a verb you need to know the stem.

The stem is formed by taking the *nous* (1st person plural) part of the (3) .... tense, then knocking off the letters (4) ....

Remember that the *nous* form of verbs like **manger** have an **-e** before the ending and verbs like commencer change **-c-** to (5) .... before **-ons**.

Add the endings to the stem to form the imperfect tense, like this:

verb	*nous* form	stem	imperfect (*je . . .*)
regarder	nous regardons	regard-	je regardais
vendre	nous vendons	(6)	je vendais
finir	nous finissons	finiss-	je (7) ....
voir	nous voyons	(8)	je voyais
manger	nous mangeons	mange-	je (9) ....
commencer	nous commençons	(10)	je commençais

The imperfect tense is always formed in the same way, with one exception – the verb **être** (to be). For this verb the stem is **ét-**, so the first part of the imperfect tense of **être** is (11) *j'* .... (I was/used to be).

2 Des vacances à la campagne

Souligne le mot correct.

Exemple: Tous les samedis, (je/il/<u>nous</u>) allions au marché du village.

1 Quelquefois, (je/ils/nous) jouions aux boules.

2 (J'/Elle/Vous) aimais me baigner, . . .

3 . . . quand (nous/tu/j') allions à la rivière.

4 Pendant les vacances, on (prenions/preniez/prenait) tous les repas en plein air.

5 Il (faisait/faisaient/faisiez) beau tout le temps.

6 Quand j' (étais/était/étaient) très petit, . . .

7 . . . je (voulait/voulais/voulions) toujours aller à Disneyland Paris.

8 Mais mes parents (préférait/préféraient/préférais) les vacances à la campagne.

3 La fête de fin d'année scolaire

Complète la description avec les verbes de la case.

avait
brillait
étaient
était
~~était~~
faisait
portaient
portait
pouvait
pouvions
semblaient

Loïc et Christine ont organisé la fête et c'**était** .... vraiment super! Beaucoup de mes amis (1) .... là. Heureusement, il (2) .... un temps splendide, le soleil (3) ...., et nous (4) .... manger dans le jardin. Tout le monde (5) .... un short, quelques filles (6) .... une jupe courte ou une robe. Le buffet (7) .... délicieux et il y (8) .... un grand choix de boissons. Les glaces (9) .... être le dessert le plus populaire et on (10) .... choisir entre quatre parfums: vanille, fraise, chocolat ou citron.

▶ **G** 10.6 ou **ET3** pp 36–39

1 Des conversations

Complète les verbes.

Quand tu (*être*) _____ét_____ ais à l'autre école, est-ce que tu (1 *aimer*) _____ ais le football?

Pas tellement, mais j' (2 *adorer*) _____ ais la natation.

Quand tu (3 *aller*) _____ ais au Collège Olympique, est-ce que tu (4 *connaître*) _____ ais Michèle et Paul Lenoir?

Oui, très bien. Mon frère (5 *sortir*) _____ ait quelquefois avec Michèle.

Est-ce que tu joues dans l'orchestre à l'université?

Non, mais au collège, je (6 *jouer*) _____ ais du saxophone et je (7 *faire*) _____ ais souvent du jazz.

Il y a quatre ans, nous (8 *habiter*) _____ ions à Grenoble. Ton frère (9 *travailler*) _____ ait autrefois à Chamonix, n'est-ce pas?

Oui, c'est ça. Il (10 *être*) _____ ait moniteur de ski.

2 Bonnes vacances

Complète chaque blanc avec un verbe à l'imparfait.

Chère Louise,

J'espère que tu as reçu ma carte de Hennequeville. Nous (*passer*) _____*passions*_____ toujours nos vacances là-bas quand j' (1 *être*) _____ petite. Je me rappelle que chaque jour, on (2 *organiser*) _____ des excursions dans la région et que tous les soirs, nous (3 *jouer*) _____ au football avec nos amis du village. Il me semble que le soleil (4 *briller*) _____ presque tout le temps. Eh bien, cette année (5 *être*) c' _____ différent. Les amis qui (6 *habiter*) _____ autrefois au village n' (7 *être*) _____ plus là. Mais on s'est fait d'autres copains et on a passé de bonnes vacances ensemble. Et toi? Raconte-moi tes vacances aussi!

A bientôt!

Caroline

Chère Caroline,

Merci de ton mail. J'ai passé des vacances fantastiques en Écosse avec mes copains! Il y (8 *avoir*) _____ beaucoup de touristes à Édimbourg à cause du festival, et comme il (9 *faire*) _____ très chaud, nous sommes sortis tous les soirs, jusqu'à minuit. L'année prochaine, tu dois venir aussi!

À bientôt!

Louise

• Encore Tricolore 3 nouvelle édition Grammar in Action

23

► **G** 3.3 ou **ET**3 p 40

1 Complète le résumé

To compare one thing with another in French, use:

• **plus** (adjective) **que** meaning *more . . . than*, e.g.:

Martin est (1) .... *petit (2)* .... *son frère.*

Martin is smaller (= more small) than his brother.

• (3) .... (adjective) **que** means 'less . . . than' or 'not as . . . as', e.g.:

La France est (4) .... *grande (5)* .... *le Canada.*

France is not as big as Canada.

• (6) .... (adjective) **que** means '(just) as . . . as', e.g.:

Les garçons sont (7) .... *intelligents que les filles.*

Boys are just as intelligent as girls.

In comparisons, adjectives still (8) .... with the words they describe, e.g.:

Normalement, les villes sont plus (9 big) .... *que les villages.*

agree
aussi
aussi
grandes
moins
moins
~~*more . . . than*~~
plus
que
que

2 Est-ce que les livres sont-ils trop lourds?

Remplis les blancs pour compléter cet article.

Est-ce que les livres sont-ils trop lourds? Beaucoup d'élèves trouvent que leurs livres scolaires sont (more) **plus** lourds et (1 more) .... gros qu'autrefois. Mais cette année, pour la classe de quatrième, il y a de nouveaux livres (2 less) .... lourds. Ces livres sont (3 more) .... légers, le papier est (4 less) .... épais et les couvertures sont (5 less) .... rigides et beaucoup (6 more) .... souples. Bonne idée, non? Le seul problème, c'est que ces nouveaux livres sont (7 more) .... fragiles que les autres. Si on les traite mal, ils ne vont pas résister (8 as) .... bien que les livres (9 less) .... modernes mais (10 more) .... solides. Alors prenez-en soin!

épais	thick
léger	light
lourd	heavy
rigide	rigid, stiff

3 Aux magasins

Complète les phrases.*

Exemple: Avez-vous des chaussures *moins chères* ? (less expensive)

1 Avez-vous des gants ....? (less expensive)

2 Avez-vous une jupe ....? (shorter)

3 Je voudrais un .... T-shirt. (smaller)

4 Avez-vous une autre jupe .... la jupe noire? (as long as)

5 Avez-vous du vin ....? (cheaper)

6 Est-ce que ces bonbons sont .... les chocolats? (as dear as)

7 Vous n'avez pas de .... cartes? (prettier)

8 Je voudrais un sac .... (not so heavy)

* Don't forget to make the adjective agree with the noun.

► **G** 3.4 ou **ET 3** p 41

1 Complète le résumé

To say something is the best, the greatest, etc.:

* add **le**, (1) .... or **les** before **plus** or **moins** + (2) ....;
* make the adjective (3) .... as usual, e.g.
  Le jour **le plus** long est le 21 juin et **la** journée **la** (4) .... long**ue** est le 21 décembre.
* To say that something is 'the best', use **le** (5) ...., **la meilleure** or **les meilleur(e)s**.

meilleur	la	agree
moins	que	

2 Complète les définitions

a *Souligne le, la ou les.*

b *Choisis le bon mot de la case et écris-le.*

Exemple: *Février* .... est le mois (le / la / les) plus court.

1 Février est .... (le / la / les) moins long.
2 La saison (le / la / les) plus froide est ....
3 .... est la saison (le / la / les) moins froide.
4 Le fleuve (le / la / les) plus long du monde est ....
5 (Le / la / les) plus grande mer du monde est ....
6 Les animaux domestiques (le / la / les) plus populaires sont ....
7 (Le / la / les) plus grande ville du monde est ....
8 En France, ... est la ville (le / la / les) plus grande.
9 Les pays (le / la / les) plus petits du monde sont .... et ....
10 À mon avis, le personnage (le / la / les) plus populaire des livres pour enfants est ....

l'hiver ~~Février~~
Harry Potter
Tokyo   L'été
Monaco   le mois
Paris   le Nil
les chats et les chiens
l'océan Pacifique
le Vatican à Rome

3 C'est le meilleur

Complète les phrases avec 'meilleur', 'meilleure' ou 'meilleur(e)s' et tes préférences à toi.

Exemple: À mon avis, la *meilleure* saison est l' *été*

1 À mon avis, les m..................... animaux sont les ....
2 Je pense que le m..................... film est ....
3 À mon avis, le m..................... jour de la semaine est ....
4 Le m..................... mois de l'année est ....
5 Et la m..................... saison est ....
6 Je pense que les m..................... matières (f) au collège sont .... et ....
7 À mon avis, le m..................... chanteur, à présent, est ....
8 Et la m..................... chanteuse est ....
9 Je trouve que les m..................... sports sont .... et ....
10 À mon avis, les m..................... émissions à la télé sont .... et ....

▶ **G** 8.2 ou **ET3** p 50

1 Complète le résumé

present tense

Il ne fait (1) ....
He doesn't do anything.

Elle ne va (3) .... *en vacances.*
She never goes on holiday.

Je ne vois (5) ....
I can't see anyone.

In the present tense, **ne** goes
(7) .... the verb.
The other part of the negative (*rien*, *jamais*,
personne) goes (8) .... the verb.

perfect tense

Il n'a rien fait.
He didn't do (2) ....

Elle n'est jamais allée en France.
She has (4) .... been to France.

Je n'ai vu personne.
I didn't see (6) ....

In the perfect tense, **rien** and **jamais** go after the
auxiliary verb (like **pas**), but (9) ....
goes after the past participle.

2 Complète les conversations

Exemple: As-tu déjà visité Paris?   Non, je ..*n'*.. ai ..*jamais*.. visité Paris. (never)

1 Tu as déjà joué au badminton?
   – Non, je .... ai .... joué au badminton. (never)

2 Tu veux regarder quelque chose à la télé?
   – Non, il .... y a .... d'intéressant. (nothing)

3 Vous avez entendu quelque chose?
   – Non, on .... a .... entendu. (not anything)

4 Tu as bien compris?
   – Non, je .... ai .... compris. (not a thing)

5 Tu as vu quelqu'un au parc?
   – Non, je .... ai vu .... (no-one)

6 Est-ce qu'il y a quelqu'un à la maison?
   – Non, il .... y a .... (no-one)

3 Phrases utiles

Trouve l'anglais.

Exemple: Ça ne fait rien   ..*e*..   a I never said that.
1 Il n'a rien vu.   ....   b He didn't see anything.
2 Ils n'ont vu personne.   ....   c There's no-one there.
3 Je n'ai rien à me mettre.   ....   d You never know.
4 Il n'y a rien à faire.   ....   e It doesn't matter.
5 On ne sait jamais.   ....   f I didn't do anything special.
6 Je n'ai rien fait de spécial.   ....   g I've nothing to wear.
7 Je n'ai jamais dit ça.   ....   h There's nothing to be done.
8 Il n'y a personne.   ....   i They didn't see anyone.

4 Qu'est-ce que c'est en français?

Pour t'aider, les réponses sont sur la page.

Exemple: I didn't see anyone in town.   *Je n'ai vu personne en ville.* ....

1 I didn't do anything special.   ....

2 There's no-one at home.   ....

3 It doesn't matter.   ....

4 She has never been to France.   ....

5 I didn't understand a thing.   ....

Using the verbs *venir* and *aller*

1 Complète le tableau

	venir (to come)	aller (to go)
je	....	....
....	viens	....
il/elle/on	....	va
nous	....	....
vous	....	....
ils/elles	....	....

2 Mots croisés

Horizontalement
1 Est-ce que tu . . . souvent ici?
4 Nous . . . au cinéma ce soir.
6 Il y a un bon film – . . . y va, alors?
7 Et toi, . . . viens avec nous?
11 Mon frère . . . au match cet après-midi.
12 Vous . . . au match aussi?
13 Nous . . . au concert ce soir.
15 Nicole est malade, alors . . . ne vient pas.

Verticalement
1 Le garçon, là-bas, d'où . . .-il?
2 Est-ce que tu . . . au concert?
3 Quand est-ce que vous . . . à Paris?
5 . . . concert va commencer dans cinq minutes.
8 . . . personne qui va jouer du piano est ma mère.
9 Je . . . à la piscine tous les lundis.
10 Quand est-ce qu'. . . viennent à la maison?
11 Mes sœurs . . . à la fête samedi.
13 Est-ce que Luc . . . à la fête?
14 Moi, . . . vais commencer mes devoirs.

Pour t'aider

The present tense of *aller* + the infinitive is used to say that something is going to happen, e.g. *Il va partir.* He's going to leave.
Use the words in boxes to help with exercise 3.

3 Complète les phrases

Exemple:
I'm going to learn Spanish next year.
Je vais (infinitive +) *apprendre l'espagnol* (quand) *l'année prochaine.*

1 Are you going to work tomorrow?
Tu ....

2 The film is going to begin in five minutes.
Le film ....

3 We are going to eat in the canteen at lunchtime.
Nous ....

4 Are you going to leave early tonight?
Vous ....

5 They are going to play badminton the day after tomorrow.
Ils ....

6 I'm going to watch the match next Saturday.
Je ....

partir jouer au badminton	la semaine prochaine ~~l'année prochaine~~
manger à la cantine regarder le match	tôt ce soir demain dans cinq minutes
~~apprendre l'espagnol~~ commencer	après-demain samedi prochain à midi

27

► **G** 13.1, 14.3

1 Complète le tableau

The verbs *pouvoir* and *vouloir* are both often followed by an infinitive, e.g.:

Est-ce qu'on peut <u>acheter</u> du pain ici?
Qui veut <u>jouer</u> au tennis cet après-midi?

They have similar forms, especially in the present tense.

	pouvoir (to be able)	***vouloir*** (to want, to wish)
je	*peux*	....
tu	*peux*	*veux*
il/elle/on	....	*veut*
nous	....	*voulons*
vous	*pouvez*	....
ils/elles	....	*veulent*

2 Qu'est-ce qu'on fait ce week-end?

a *Dans chaque question, souligne l'infinitif.*

Exemple: Ce week-end, qu'est-ce qu'on peut <u>faire</u>?

1 Quand est-ce que tu veux descendre en ville?

2 Je crois que mes cousins veulent aller au cinéma. Ça va?

3 Est-ce que Jean-Pierre peut nous accompagner?

4 Est-ce que tes cousins veulent manger dans une crêperie après le film?

5 Tu veux faire la cuisine ce matin?

6 Si tu veux, nous pouvons faire des tartes aux pommes pour demain.

b *Complète les réponses.*

a On (*pouvoir*) ..**peut**.......... faire ce que tu (*vouloir*) ....

b Non, je crois qu'ils (*vouloir*) .... manger des pizzas.

c Non, il ne (*pouvoir*) .... pas venir parce qu'il travaille.

d Oui, je (*vouloir*) .... bien. J'adore faire la cuisine!

e Nous (*pouvoir*) .... aller en ville samedi soir.

f Bien sûr. Ils (*pouvoir*) .... nous rencontrer devant le cinéma.

g Bonne idée! Nous (*pouvoir*) .... acheter des pommes au marché.

c *Trouve les paires.*

Exemple: ..*a*...., 1 ...., 2 ...., 3 ...., 4 ...., 5 ...., 6 ....

3 Des expressions utiles

Trouve les paires.

Exemple: Pouvez-vous m'expliquer ça? ....*i*......   a Yes, I'd like to.

1 Oui, je veux bien. ....   b Will you help me, please?

2 Si tu veux. ....   c Can I help you?

3 Voulez-vous m'aider, s'il vous plaît? ....   d What does that word mean?

4 Je voudrais . . . .   e What does that mean?

5 Qu'est-ce que ça veut dire? ....   f What do you want/would you like to do?

6 Que veut dire ce mot? ....   g I'd like . . .

7 Qu'est-ce que tu veux faire? ....   h You can't do that!

8 Qu'est-ce qu'on peut faire? ....   i Can you explain that to me?

9 Vous ne pouvez pas faire ça! ....   j What can we do?

10 Je peux vous aider? ....   k If you like.

► **G** 13.1, 14.3

1 Complète ce tableau

perfect tense	imperfect tense	future tense
pouvoir		
j'ai pu	je pouvais	je pourrai
tu as pu	tu	tu pourras
il/elle/on	il/elle/on	il/elle/on ....
nous	nous pouvions	nous pourrons
vous avez pu	vous	vous ....
ils/elles	ils/elles	ils/elles ....

vouloir		
j'ai voulu	je voulais	je voudrai
tu	tu voulais	tu voudras
il/elle/on a voulu	il/elle/on voulait	il/elle/on voudra
nous avons voulu	nous	nous ....
vous	vous vouliez	vous voudrez
ils/elles	ils/elles	ils/elles ....

2 La page des lettres

Complète les phrases avec le verbe au présent (PR), au passé composé (PC) ou l'imparfait (IMP).

Maintenant, je peux dormir!

Je ne (*vouloir IMP*) **_voulais_** .... jamais me coucher la nuit, et je ne (1 *pouvoir IMP*) .... pas dormir parce que j'avais peur du noir. Mon frère aîné (2 *vouloir IMP*) .... m'aider et, avec des étoiles phosphorescentes, il (3 *pouvoir PC*) .... transformer le plafond de ma chambre en mini-planétarium. Maintenant, c'est si intéressant que je (4 *vouloir PR*) .... me coucher tôt et je (5 *pouvoir PR*) .... m'endormir en regardant les étoiles. Chouette, non?

Francine Lemormand, Tours

_____

Aujourd'hui, nous (6 *pouvoir PR*)........................... voyager sans problème.

Après nos cours d'histoire, mes copains et moi, nous (7 *vouloir IMP*) .... visiter les Pyramides, mais nous ne (8 *pouvoir IMP*) .... pas payer le voyage en Egypte. Mais maintenant, on (9 *pouvoir PR*) .... utiliser l'Internet pour découvrir tous les trésors des pharaons. Alors, si vous (10 *vouloir PR*) .... explorer la tombe de Toutankhamon, connectez-vous!

Fabien Maurice, Lyon

► **G** 1.1 ou **ET3** p 55

I Complète le tableau

Notes	anglais	français	
		masculin	**féminin**
1 No change because masculine ends in -e	tourist	*touriste*	*touriste*
	dentist	*dentiste*	
	journalist		
	photographer		*photographe*
	vet	*vétérinaire*	
	pilot		*pilote*
2 add -e	friend		*amie*
	student	*étudiant*	
	representative	*représentant*	
3 -ier / -ière	nurse	*infirmier*	
	cook		*cuisinière*
4 -eur / -euse	sales assistant	*vendeur*	
	hairdresser		*coiffeuse*
	programmer	*programmeur*	
5 -teur / -trice	postman/woman	*facteur*	
	designer		*dessinatrice*
6 -ien / -ienne	chemist	*pharmacien*	
	schoolboy/girl		*collégienne*
	technician	*technicien*	
	mechanic		*mécanicienne*
7 No change	doctor	*médecin*	*médecin*
	teacher		*professeur*

Sometimes there is no different feminine form.

2 Complète les phrases

Pour t'aider Remember you don't use the article (*un*/*une*) when talking about people's jobs.

Exemple: Mon père est *agent de police.*

1 Mon oncle est ....

2 Ma mère est ....

3 Ma tante est ....

4 Ma meilleure amie veut être ....

5 Mon ami espère être ....

6 Moi, je ne veux surtout pas être ....

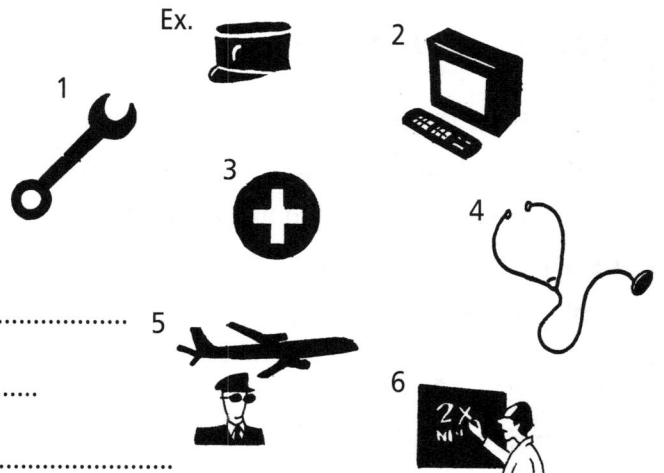

30

▶ **G** 10.3, 10.5, 10.8d ou **ET3** p 57

1 Choisis la bonne réponse

Exemple: Quand est-ce que tu arrives au collège? ...*b*...
   a Je suis arrivé à 8h30.
   b Normalement, j'arrive à 8h30.
   c Je vais arriver à 8h30.

1 Est-ce que tu vas partir en voyage scolaire? ....
   a Oui, je vais partir en France avec le collège.
   b Oui, je suis partie en France.
   c Oui, je suis allé en France avec le collège.

2 Qu'est-ce que tu fais généralement pendant les vacances? ....
   a Je vais partir en Espagne.
   b Normalement je sors avec mes copains.
   c J'ai fait du ski.

3 Est-ce que tu as déjà visité Paris? ....
   a Non, je n'ai jamais visité Paris.
   b Non, je ne vais pas visiter Paris.
   c Non, je ne visite pas Paris.

4 Est-ce que tu travailles pour gagner de l'argent? ....
   a Oui, je vais travailler l'année prochaine.
   b Oui, il a travaillé au restaurant de mon oncle.
   c Oui, je travaille dans un petit magasin, le samedi.

5 Qu'est-ce que tu as vu au cinéma récemment? ....
   a Je vais voir le nouveau film de Harry Potter.
   b Je vois le nouveau film de Harry Potter.
   c J'ai vu le nouveau film de Harry Potter.

6 Où est-ce que tu vas faire ton stage en entreprise? ....
   a Je vais travailler dans un théâtre.
   b J'ai travaillé dans une école.
   c Je travaille à la piscine.

2 Complète le message

Use the present tense for verbs in normal type.   Use the *past tense* for the verbs in *italics*.
Use *aller* + **infinitive** for verbs in **bold**.

Salut!
La semaine dernière, nous *avons visité* (*visiter*) le lycée Molière, parce que l'année prochaine, je .... (1 **changer**) d'école. En ce moment, je .... (2 aller) au collège Jeanne d'Arc, mais je .... (3 **quitter**) le collège en juin. Le lycée .... (4 être) assez loin de chez moi, donc je .... (5 **prendre**) le bus. Et toi? Est-ce que tu .... (6 **changer**) d'école l'année prochaine, ou est-ce que, dans ton pays, on .... (7 rester) plus longtemps au collège?
Qu'est-ce que tu .... (8 *faire*) le week-end dernier? Moi, j'.. (9 *regarder*) un match de football; samedi et dimanche je .... (10 *aller*) au cinéma.
À bientôt!
Alex

► **G** 10.8a, 10.8b ou **ET3** p 64

1 Complète le tableau

regular -er verbs **passer**	regular -ir verbs **partir***	regular -re verbs **prendre***
je passerai	je	je prendrai
tu	tu partiras	tu ....
il/elle/on passera	il/elle/on	il/elle/on ....
nous	nous partirons	nous ....
vous	vous	vous prendrez
ils/elles passeront	ils/elles	ils/elles ....

* *partir* and *prendre* are irregular in the present tense but regular in the future tense.

2 Souligne les verbes au futur

Charlotte Dupont a dix-sept ans, et elle habite à Bordeaux. Cet été, elle <u>passera</u> ses vacances comme monitrice dans une colonie de vacances à la montagne.

– Tu prendras le train, Charlotte?

– Non, je partirai en car avec les enfants.

– Et tu passeras combien de temps en colonie?

– Je resterai trois semaines en colonie, puis je passerai une semaine chez ma tante qui habite dans la région.

3 Complète les phrases

Exemple: Quand *partirez* -vous en vacances? (*partir*) – Nous *partirons* le 20 juillet.

1 Où ....-vous vos vacances cet été? (*passer*)

– Nous .... nos vacances dans les Alpes.

2 Est-ce que vous .... à l'hôtel? (*loger*)

– Oui, nous .... dans un petit hôtel.

3 Combien de temps ....-vous? (*rester*)

– Nous .... une semaine.

4 Est-ce que vous .... le train? (*prendre*)

– Non, nous .... la voiture.

5 Quand ....-vous à Bordeaux? (*rentrer*)

– Nous .... le 28 juillet.

4 La semaine prochaine

Write your answers on a separate piece of paper.

a *Alex has a busy week ahead. What does she say? Look at the list and reply for her.*

Exemple: *Lundi, j'écrirai à ma correspondante.*

lundi: écrire à ma correspondante
mardi: finir mes devoirs de maths
mercredi: rendre mes livres à la bibliothèque
jeudi: apprendre mon vocabulaire d'allemand
vendredi: lire mon livre d'histoire
samedi: ranger ma chambre

b *Her brother, Fabien, likes having a good time. What will he be doing next week?*

Exemple: *Lundi, il téléphonera à Hélène.*

lundi: téléphoner à Hélène
mardi: sortir avec Suzanne
mercredi: regarder un film avec Charlotte
jeudi: rencontrer Marie au café
vendredi: jouer au tennis avec Mélanie
samedi: déjeuner avec Lucie

► **G** 10.8c ou **ET3** p 68

1 Complète le tableau

Pour t'aider Some verbs have an irregular future stem (the part before the endings), but all verbs have the same endings in the future tense. Some verbs are only slightly irregular, like *acheter* (to buy), which takes a grave accent in the future tense *j'achèterai*.

anglais	infinitif	futur	anglais
to go	*aller*	*j'irai*	I'll go
to have	....	*j'aurai*	I'll have
to become	*devenir*	*je deviendrai*	....
to have to, must	*devoir*	*je devrai*	I'll have to
to send	*envoyer*	*j'enverrai*	....
to be	....	*je serai*	....
to do, to make	*faire*	....	I'll do, make
to be able, can	*pouvoir*	....	I'll be able to
to receive	*recevoir*	*je recevrai*	....
to know how to	*savoir*	*je saurai*	....
to come	....	....	I'll come
to see	....	*je verrai*	I'll see
to wish, to want	....	*je voudrai*	I'll want to

2 Le monde à l'avenir

Lis le texte et trouve les verbes au futur.

Le monde à l'avenir, comment <u>sera-t-il</u>? On vivra plus longtemps, mais est-ce qu'il y aura assez de nourriture pour tout le monde? Est-ce qu'on fera plus pour protéger la planète? Si le nombre de voitures continue à augmenter, les routes deviendront impossibles. Est-ce qu'on inventera de nouveaux moyens de transport? Est-ce que beaucoup de personnes feront des voyages dans l'espace?

On verra plus de gadgets électroniques, ça c'est certain! On n'enverra plus de lettres ni de cartes postales par la poste, on fera toutes les communications électroniquement.

On dit que même les maisons seront intelligentes. Les ordinateurs, cachés dans les murs, feront tout pour les habitants. Ils sauront préparer des repas et pourront ouvrir et fermer les fenêtres.

Est-ce qu'on ira toujours à l'école, ou est-ce qu'on devra apprendre ses cours par l'Internet?

Le monde à l'avenir sera certainement très différent!

I Mots croisés

Horizontalement

1 Je . . . te chercher à 11 heures. (*venir*)
3 Mon frère . . . faire de la voile la semaine prochaine. (*pouvoir*)
6 Est-ce que . . . enverras une carte postale à ton prof?
7 Après une semaine au restaurant, tu . . . bien faire la cuisine. (*savoir*)
9 Qu'est-ce que vous . . . après les vacances? (*faire*)
10 À la fin du mois, . . . recevrai une grosse somme d'argent.
11 Ma sœur veut être vétérinaire, alors elle . . . faire des études très longues. (*devoir*)

Verticalement

1 Du balcon, nous . . . mieux le spectacle. (*voir*)
2 Ils . . . le temps d'acheter des souvenirs demain. (*avoir*)
4 Ma grand-mère . . . se reposer après le voyage. (*vouloir*)
5 L'année prochaine, mon frère . . . au collège. (*aller*)
8 On prendra le métro – ce . . . plus rapide. (*être*)

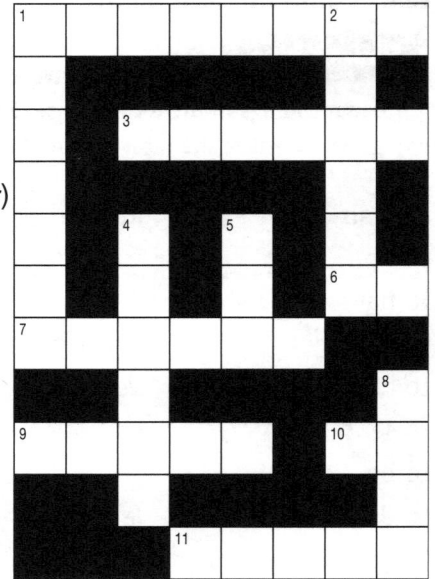

2 Projets de vacances

Réponds aux questions.

Exemple: Quand partiras-tu? *Je partirai le 3 août.*

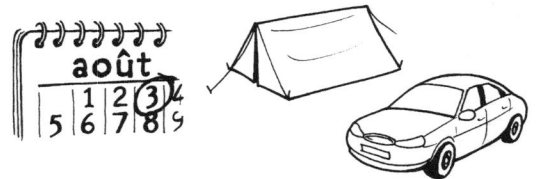

1 Où iras-tu en vacances? (La Rochelle)

2 Est-ce que tu iras à l'hôtel? (Non, . . . faire du camping)

3 Tu prendras le train? (Non, . . . voiture)

4 Que feras-tu? (Je . . . faire des promenades en vélo, aller à la plage, faire de la planche à voile, s'amuser)

5 Quand reviendras-tu? (Je . . . le 18 août)

3 Que feront-ils dans cinq ans?

Exemple: Jean — vivre à Paris
1 Claire — faire des études de médecine
2 Alain — acheter un nouvel ordinateur
3 Hélène — aller aux États-Unis
4 Marc — aller à l'université
5 Sophie — gagner beaucoup d'argent
6 Charles — être électricien
7 Catherine — apprendre à conduire
8 Daniel — travailler dans une entreprise

Exemple: *Jean achètera un nouvel ordinateur.*

1
2
3
4
5
6
7
8

1 **Complète le lexique**

français	anglais
dans dix minutes	....
dans une heure	....
cet après-midi	....
....	this evening
demain	....
....	tomorrow morning
demain après-midi	....
après-demain	....
samedi prochain	next ....
la semaine prochaine	....
le mois prochain	....
....	next year
dans dix ans	....
dans l'avenir	....
....	in a week
plus tard	later
quand j'aurai 16 ans	when I'm ....
quand je quitterai l'école	....

2 **La prochaine fois, ce sera différent!**

Complète les bulles.

Exemple:

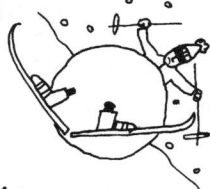

L'année prochaine, il ne partira pas en vacances de neige. (Next year)

1

...., elle passera ses vacances au bord de la mer. (Next year)

2

...., je prendrai le train. (Next week)

3

...., nous irons à l'hôtel. (Tomorrow)

4

...., ils trouveront une plage plus tranquille. (Next Saturday)

5

...., elles réserveront des chambres d'hôtel à l'avance. (Next time)

3 **Consulte le calendrier**

Complète les phrases.

Exemple: *Aujourd'hui*, c'est vendredi, le 7 juillet. (Today)

Juillet						
lu	ma	me	je	ve	sa	di
31					1	2
3	4	5	6	7	8	9
10	11	12	13	14	15	16
17	18	19	20	21	22	23
24	25	26	27	28	29	30

mon anniversaire — (11)
vacances — (21)
aujourd'hui — (7)
Fête Nationale — (14)

1 ...., ce sera samedi. (Tomorrow)

2 ...., ce sera dimanche. (The day after tomorrow)

3 ...., ce sera la Fête Nationale. (In a week's time)

4 Ce sera mon anniversaire .... (In 4 days)

5 ...., ça tombera un mardi. (This year)

6 ...., mon anniversaire sera un mercredi. (Next year)

7 ...., je serai en vacances. (In a fortnight)

8 ...., ce sera août. (Next month)

► **ET3** p 72

1 Complète l'acrostiche

Horizontalement

Exemple: tomorrow
1 today
2 now
3 at present
4 last year
5 sometimes
6 next Monday
7 yesterday
8 this evening

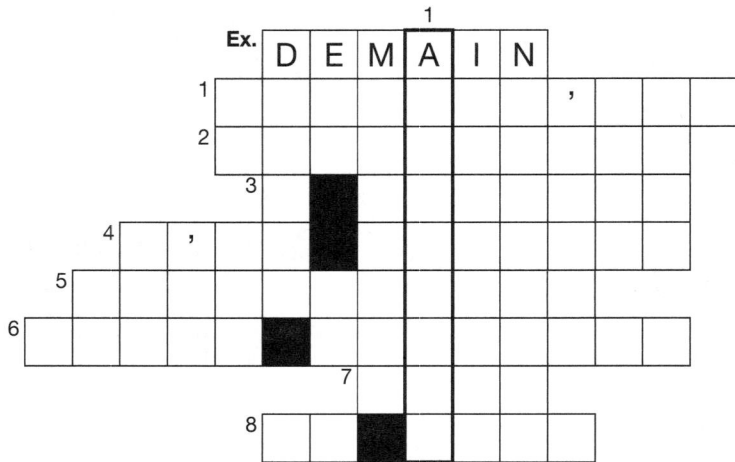

Verticalement

1 formerly, in the past

Ex. | D | E | M | A | I | N |

2 Remplis les blancs

Utilise les mots de l'acrostiche.

Exemple: _Autrefois_, la télévision n'existait pas. (In the past)

1 L'......................................, nous avons passé nos vacances au Canada. (Last year)

2 C'est samedi .... (Today)

3 Ce sera mon anniversaire .... (Tomorrow)

4 Q..., nous fêtons notre anniversaire ensemble. (Sometimes)

5 Mais ...., mon frère habite à Paris et moi à Londres. (At present)

6 As-tu regardé la nouvelle série à la télé ....? (Yesterday)

7 Oui, oui. N'oublie pas de regarder le deuxième épisode .... (This evening)

8 J'aime bien les histoires de la vie d' .... (Former times)

3 Trouve les paires

Exemple: Normalement — _b_   a usually
1 quelquefois   ....   b normally
2 tous les jours   ....   c generally
3 d'habitude   ....   d always
4 souvent   ....   e during the holidays
5 toujours   ....   f often
6 généralement   ....   g every day
7 pendant les vacances   ....   h sometimes

Pour t'aider

These expressions of time could refer equally well to the past, present or future, so you will also need to check the tense of the verb – past, present or future.

4 Passé, présent ou futur?

Après chaque phrase, écris P (passé), PR (présent) ou F (futur).

Exemple: Qu'est-ce que tu fais le week-end, d'habitude? _PR_

1 Quelquefois, je pars à la campagne avec ma famille. ....

2 Le week-end dernier, par exemple, on a fait du camping. ....

3 Pendant les vacances, nous allions chez mon oncle Bernard tous les week-ends. ....

4 Il est fermier. ....

5 Pendant les vacances, je travaillerai dans un supermarché. ....

6 Est-ce que tu vas souvent à la piscine? ....

7 Non, pas souvent, mais j'y suis allé hier. ....

8 Qu'est-ce que tu fais normalement le samedi soir? ....

9 Le samedi soir, j'aime sortir avec des copains. ....

10 Samedi, par exemple, nous irons au cinéma. ....

▶ **G** 10 ou **ET3** p 72

1 Complète le tableau

passé composé	présent	futur
Exemple: *j'ai chanté*	*je chante*	*je chanterai*
1 *j'ai mangé*	je	je ....
2 *tu as fini*	tu	*tu finiras*
3 *il a vendu*	*il vend*	il ....
4 *elle a dit*	elle	elle ....
5 *nous*	*nous prenons*	nous ....
6 *vous êtes allé(e)s*	vous	*vous irez*
7 *ils ont travaillé*	ils	ils ....
8 *elles*	*elles font*	elles ....

2 Choisis la bonne réponse

Coche la bonne réponse.

Exemple: Qu'est-ce qu'on mangera dimanche?
a On mangera du poulet. ✓
b On ne mange pas de poulet. ....
c On a mangé du poulet. ....

1 Qu'est-ce que tu manges normalement le dimanche?
a Nous mangerons de la viande et des légumes. ....
b Nous avons mangé de la viande et des légumes. ....
c Nous mangeons de la viande et des légumes. ....

2 Est-ce que tu es allé au supermarché ce matin?
a Oui, je suis allé au supermarché ce matin. ....
b Oui, j'irai au supermarché ce matin. ....
c Oui, je vais au supermarché ce matin. ....

3 Qu'est-ce que tu as acheté?
a J'achète beaucoup de provisions. ....
b J'ai acheté beaucoup de provisions. ....
c J'achèterai beaucoup de provisions. ....

4 Quel est ton plat favori?
a J'adore les pizzas. ....
b J'adorais les pizzas. ....
c J'adorerai les pizzas. ....

5 Quelle sorte de pizza as-tu choisi?
a Je choisirai une pizza aux quatre saisons. ....
b Je choisis une pizza aux quatre saisons. ....
c J'ai choisi une pizza aux quatre saisons. ....

6 Alors, tu viendras manger chez nous dimanche?
a Oui, je viendrai chez vous dimanche. ....
b Oui, je venais chez vous dimanche. ....
c Oui, je suis venu chez vous dimanche. ....

3 Des phrases

Choose two different verbs on this page and, for each verb, write a sentence in the past, present and future.

Exemple: passé *J'ai chanté au concert.*
présent *Je chante bien.*
futur *Je chanterai à l'église dimanche prochain.*

....
....
....
....
....
....

► **G** 4.1 ou **ET3** pp 76–77

1 Complète le résumé

For example, they tell you _when_____,
e.g. *toujours* (always), (1) _____,
e.g. *ici* (here) or (2) _____, e.g. *lentement* (slowly) something is happening.

In French, a lot of adverbs are formed by adding the ending (3) _____ to the
(4) _____ form of an (5) _____ (rather like the ending (6) _____
in English: adjective – slow, quick; adverb – slowly, quickly), e.g.:

masculine	feminine	adverb (meaning)
exact	*exacte*	*exactement* (exactly)
spécial	*spéciale*	*spécialement* (specially)

where	~~when~~	feminine
adjective	*-ment*	-ly	how

If the masculine singular of the adjective ends in a vowel, you add the *-ment* to that, e.g.
simple → *simplement* (simply). But not all adverbs are formed from adjectives, e.g. *bien* (well),
mal (badly), *vite* (quickly), *là* (there).

2 Complète le tableau

masculin	féminin	adverbe	anglais
Exemple: lent	*lente*	*lentement*	slowly
1 *général*	....	....	generally
2 *seul*	....	*seulement*	....
3 *normal*	....	....	normally
4 *rapide*	*rapide*	....	....
5 *facile*	....	....	easily
6 *immédiat*	....	....	....
7 *entier*	*entière*	....	entirely
8 *régulier*	....	....	....
9 *final*	....	....	....
10 *probable*	....	....	....

3 Complète les textes

Complète les textes avec un mot de la case.
Exemple:

Elles se promènent
lentement

1 Je ne vois pas très ....

2 Il joue très ....

3 Il passe la journée ....

4 Il mange son dîner ....

5 Il gagne sa vie ....

| rapidement | ~~lentement~~ | mal | tranquillement | distinctement | dangereusement |

4 Une semaine typique

Choisis un adverbe différent pour compléter chaque phrase.
Exemple: _D'habitude_ , la semaine se passe _calmement._

1 Le lundi matin, je me lève ....

2 Je mange mon petit déjeuner assez ....

3 ...., je rencontre mes amis au collège.

4 Je travaille .... en classe.

5 Mais ...., je préfère les vacances.

6 Le week-end, je vais .... en ville.

► **G** 10.4, 11.3 ou **ET3** pp 78–79

1 Complète le résumé

You use the imperative, or command, form to give orders or instructions, e.g.:
- *Attends ici.* Wait here.
- *Finissez cet exercice.* (1) .... this exercise.

Formation

Tu form

With many verbs, you just omit the *tu*, e.g.:
- *Viens ici.* (2) .... here.
- (3) .... *à la question.*
  Answer the question.

But with *-er* verbs, you also omit the final *-s*, e.g.:
- *Écoute attentivement.* (4) ....
  carefully.
- (5) .... *dans la salle de classe.*
  Go in the classroom.

Vous form

With all verbs, you just omit *vous*, e.g.:
- (6) .... *le tableau.* Look at
  the board.

In the negative

You may often hear commands or instructions in the negative, e.g.:
- *N'oublie pas de téléphoner.* Don't forget to phone.
- *Ne faites pas ça!* (7) .... do that!

Reflexive verbs

These are slightly different. It's best just to learn a few common ones, e.g.:
- *Dépêche-toi!* Hurry up!
- *Sers-toi!* Help yourself!
- *Asseyez-vous!* (8) ....

Come	Finish	Don't	Sit down!
Va	*Regardez*	Listen	*Réponds*

2 En famille

Tu es chez ton ami en France.
Souligne le bon mot.

Exemple: (Entrent / <u>Entre</u> / Entres) dans la maison.

1 (Mets / Mettre / Mettons) tes affaires là.
2 (Goûte / Goûtent / Goutes) ce gâteau, c'est délicieux.
3 (Sers-toi / Servons-nous / Servez-vous) du fromage, si tu veux.
4 (Lit / Lisent / Lis) cet article, c'est amusant.
5 (Attend / Attends / Attendent) un moment.
6 N'(oubliez / oublie / oublions) pas de téléphoner à tes parents.
7 Tu te couches? Alors, (dormez / dort / dors) bien!

3 Complète ces instructions

Exemple: *Entre* .... dans le salon. (*entrer*)

1 .... la porte, s'il te plaît. (*fermer*)
2 ....cette chanson. C'est bien, non? (*écouter*)
3 .... cette photo! Elle est belle. (*regarder*)
4 ....-moi le lait, s'il te plaît. (*passer*)
5 .... la serviette qui est dans ta chambre. (*prendre*)
6 .... la télé, si tu veux. (*allumer*)
7 Il y a quelqu'un à la porte. .... qui c'est. (*deviner**)
  **deviner* = to guess

4 La sécurité en montagne

Complète les instructions.

Exemple: *Laissez* .... les détails de votre itinéraire à quelqu'un. (*laisser*)

1 ....la météo avant de partir. (*consulter*)
2 .... une carte. (*prendre*)
3 N'............................. pas de prendre un imperméable. (*oublier*)
4 .... des chaussures solides. (*mettre*)
5 .... des gants s'il fait froid. (*porter*)
6 .... régulièrement. (*manger*)
7 .... de l'eau. (*boire*)
8 .... de la crème solaire s'il fait chaud. (*mettre*)

► **G** 11.4, 14.2 ou **ET3** pp 80–81

I Complète le résumé

All reflexive verbs form the perfect tense with (1) ....
This means that the past participle has to (2) .... with the subject.
The reflexive pronoun (*me, te, se* etc.) goes (3) .... the part of *être*, e.g.:
• *Je me suis dépêché(e).* I hurried.
This is also the case in the (4) ...., e.g.:
• *Mais toi, tu ne t'es pas dépêché.* But you, you didn't hurry.

negative	*être*	before	agree

2 Complète le tableau

je	*me suis* .... levé(e)	nous	.... levé(e)s
tu	.... levé(e)	vous	.... levé(e)(s)
il	.... levé	ils	....
elle s'est	....	elles	.... sont levées
on	.... levé(e)(s)		

If the subject is feminine add an -e.   If the subject is plural add an -s.

3 Qui parle?

Thomas (T) et Claire (C) parlent de ce qu'ils ont fait hier. Lis les phrases et décide qui parle.
Regarde les participes passés.

Exemple: Je ne me suis pas levé de bonne heure. __T__

1 Je me suis levé à dix heures. ....
2 Je me suis levée à neuf heures. ....
3 Je me suis reposée dans le jardin. ....

4 Je me suis promené en vélo. ....
5 Je me suis habillé en short et en T-shirt. ....
6 Je me suis bien amusée. ....

4 Un jour qui a changé ma vie

Serge est cuisinier. Aujourd'hui, tout va bien, mais à la fin de ses études, il était longtemps sans emploi.
Complète cet article qui explique comment sa vie a changé.

Un jour, Serge (*se réveiller*) **s'est réveillé** de bonne heure, découragé: encore une journée sans travail. Puis tout à coup, il (1 *se décider*) .... à faire quelque chose. Il (2 *se lever*) ...., et il a écrit à tous les restaurants et les cafés de la ville. Quelques jours plus tard, un restaurant a demandé à Serge de se présenter pour une interview. Serge (3 *s'habiller*) ...., il (4 *se coiffer*) .... et il (5 *se présenter*) .... au restaurant. Il (6 *s'entendre*) .... bien .... avec le chef de cuisine, et la semaine suivante, Serge a commencé à travailler au restaurant.

5 Phrases utiles

Trouve les paires.

Exemple: Nous nous sommes bien entendus. __f__

1 Qu'est-ce qui s'est passé?	....	a It's OK – he's sorted himself out.
2 Excusez-moi, je me suis trompé.	....	b What happened?
3 C'est bon – il s'est débrouillé.	....	c I made up my mind to do something about it.
4 On s'est bien amusé(e)s.	....	d We had a good time.
5 Je me suis décidé à faire quelque chose.	....	e I'm sorry, I've made a mistake.
		f We got on well.

► **G** 12.1 ou **ET3** p 83

1 Complète le lexique

français		anglais
1 avoir	_mal_	to have a pain
2 avoir	....	to be warm, hot
3 avoir froid		to be ....
4 avoir	....	to be hungry
5 avoir	....	to be thirsty
6	de la fièvre	to have a temperature
7 avoir besoin de		to need
8	peur	to be frightened
9	raison	to be right, correct
10 avoir tort		to be ....

chaud	wrong	*faim*
cold	~~mal~~	soif
avoir	*avoir*	*avoir*

2 Complète le tableau

français	anglais	français	anglais
Exemple: J' _ai peur_	I am frightened.	4 Vous ....?	Are you thirsty?
1 Tu ....?	Are you cold?	5 Ils	They are right.
2 Elle	She has a temperature.	6 Elles	They are wrong.
3 Nous	We're hungry.		

3 Mots croisés

Horizontalement

1 Nous avons . . . de pain pour faire des sandwichs.
6 Ils n'ont pas mangé, alors ils ont . . .
7 Tu . . . besoin de quelque chose?
9 Nous . . . besoin de dentifrice.
10 . . . a trop chaud, elle va ouvrir la fenêtre.
11 Fermez la fenêtre parce qu'ils . . . froid.
13 Ahh! J'ai . . . des araignées.

Verticalement

2 Prenez du jus d'orange si vous avez . . .
3 Si on . . . mange pas, on va avoir faim.
4 Le garçon a mal à la tête et il a de la . . .
5 Elle a . . ., c'est la bonne réponse.
8 Vous . . . mal à la tête aussi?
12 Non, ce n'est pas correct. Vous avez . . .

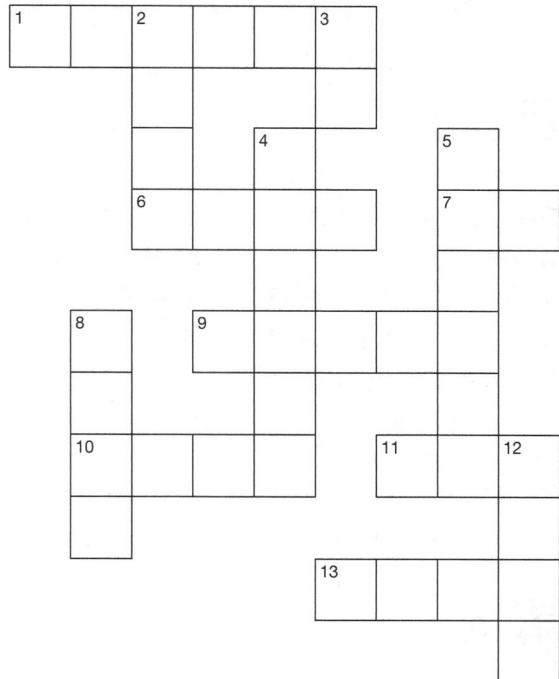

4 De quoi ont-ils besoin?

Complète les légendes. Utilise les mots de la case.

d'argent	d'essence
d'une clé	~~de calme~~

Exemple: Moi, _j'ai besoin de calme._

1 Il ....
....

2 Nous ....
....

3 Vous ....
....................?

Photocopying prohibited • Encore Tricolore 3 nouvelle édition Grammar in Action

► **G** 10.3 ou **ET**3 pp 84–85

Pour t'aider The preposition *depuis* means 'since' or 'for'. In English, we use the perfect tense, e.g. I have had a headache for three days/since Monday. In French, you must use the present tense: *J'ai mal à la tête depuis trois jours/depuis lundi.*

1 Depuis

Complète les phrases avec les mots de la case et trouve les bonnes images.

Exemple: J'ai mal à la jambe depuis deux __jours.__ __G__

1 J'............... ici depuis 10 ans. ....
2 Il a mal à la gorge .... lundi. ....
3 Elles vont au collège depuis ....
4 Nous .... le repas depuis une heure. ....
5 Ce château existe depuis .... ans. ....
6 Depuis .... de temps parlez-vous français? ....
7 Depuis .... as-tu mal à la tête? ....

| habite | ~~jours~~ | trois ans | combien | 300 | attendons | quand | depuis |

Pour t'aider The preposition *pendant* + noun means 'during', e.g. during the lesson = *pendant la leçon.*

When used with a time phrase it means 'for', usually when something happened in the past and is now finished, e.g. He had a headache for 3 hours. *Il a eu mal à la tête pendant 3 heures.*

2 Pendant

Trouve l'anglais.

Exemple: Je suis restée au lit pendant cinq jours. __d__ a She was coughing during the night.
1 Pendant les vacances, il était aux États-Unis. .... b We were ill for 24 hours.
2 Nous étions malades pendant 24 heures. .... c They didn't eat anything for two days.
3 Elle toussait pendant la nuit. .... d I stayed in bed for five days.
4 On avait soif pendant la course. .... e During the holidays he was in America.
5 Ils n'ont rien mangé pendant deux jours. .... f We were thirsty during the race.

Pour t'aider The preposition *dans* used with a time phrase means 'in', e.g.

Come back in 2 days / in 2 days' time. *Revenez dans deux jours.*

3 Dans

Trouve le bon texte pour chaque image.

A   B   C   D

Exemple: Si ça ne va pas mieux dans deux jours, va chez le dentiste. __B__
1 Si vous avez mal, revenez dans 24 heures. ....
2 Tu es trop jeune! Reviens dans cinq ans! ....
3 Vous arrivez trop tôt! Ça commence dans cinq heures. ....

► **G** 6.2, 6.2a ou **ET3** p 92

1 Complète le résumé

– *Tu regardes le* **match** *ce soir?*
– *Bien sûr que je le regarde!*
– *Comment trouves-tu la* **nouvelle équipe***?*
– *Je la trouve un peu trop lente.*
– *Tu aimes les* **deux nouveaux joueurs***?*
– *Oui, je les trouve pas mal.*
– *Et l'***entraîneur***?*
– *Ah non, je ne l'aime pas du tout!*

In this conversation, *le, la, l'* and *les* are not used
to mean 'the'. Instead they are used on their own
as ..*pronouns*.. In the sentences above they
have replaced the (1) .... shown
in **bold** type.

Used like this, *le* or *l'* can mean 'him' or (2) ....;'
la or *l'* can mean (3) .... or 'it';
les means (4) ....'

They can all refer to people or (5) ....'
They usually go (6) .... the verb.
If the verb is in the perfect tense, they go before
the (7) .... verb, e.g.:
– *Vous avez mangé le gâteau?*
– *Oui, oui. Nous l'avons mangé.*

If there are two verbs together, and the second
one is an infinitive, the pronoun often goes before
the (8) ....
– *Tu vas faire tes devoirs maintenant?*
– *Bien sûr. Je vais les faire tout de suite.*

These pronouns can also be used with *voici* and
voilà, e.g.:
– *Où est mon cartable? Le voici.*
– *Tu as vu ma clef? Oui, (9) .... voilà.*
– *Et où sont mes livres? (10) .... voilà.*

them	infinitive	it	her	nouns	things	auxiliary	~~pronouns~~	before	*la*	*les*

2 Mathilde a rangé ses affaires

Ce matin, Mathilde a rangé ses affaires. Elle a trouvé beaucoup de choses perdues. Réponds pour elle.

Exemple: Tu as trouvé ton pull? Oui, ..*le*...... voici.

1 Tu as trouvé ta calculette? Oui, ... voici.
2 Tu as trouvé tes chaussettes noires? Oui, ... voici.
3 Tu as trouvé ton stylo? Oui, ... voici.
4 Tu as trouvé ton porte-monnaie? Oui, ... voici.
5 Tu as trouvé tes crayons de couleur? Oui, ... voici.
6 Tu as trouvé ton porte-clés? Oui, ... voici.
7 Tu as trouvé ta règle? Oui, ... voici.
8 Tu as trouvé toutes tes affaires? Oui, ... voici.

3 Qu'est-ce qu'ils portent aujourd'hui?

Réponds à chaque question.
Voici Loïc.

Exemple: Est-ce qu'il porte son jean? *Oui, il le porte.*
Est-ce qu'il porte sa chemise? *Non, il ne la porte pas.*
1 Est-ce qu'il porte son pull? ....
2 Est-ce qu'il porte son écharpe? ....
3 Est-ce qu'il porte sa cravate? ....
4 Est-ce qu'il porte ses gants? ....
5 Est-ce qu'il porte son bonnet*? ....
6 Est-ce qu'il porte ses bottes? ....

Voici Isabelle.
7 Est-ce qu'elle porte son T-shirt? ....
8 Est-ce qu'elle porte ses chaussettes blanches? ....
9 Est-ce qu'elle porte sa jupe? ....
10 Est-ce qu'elle porte ses sandales? ....

*un bonnet = a hat

► **G** 6.2b ou **ET3** p 92

1 Complète le résumé

Lui and *leur* are **pronouns.**

Lui means 'to him/it' or 'for him/it' or (1) 'to .... /it' or (2) '........................... her/it'.

Leur means 'to them' or (3) '........................... them'.

Like the pronouns *le, la, les*, these pronouns go before the (4) ....

In the perfect tense they go immediately before the (5) .... verb.

If there are two verbs together, and the second one is an infinitive, the pronoun often goes before the (6) ....

Lui often stands instead of a phrase starting with (7) .... or *au*, e.g.

– *Qu'est-ce que tu offres à ton frère pour Noël?*

– *Je (8) .... offre un livre.*

Leur often stands instead of a phrase starting with *à* or *aux* + plural noun, e.g.

– *Vous donnez de l'argent (9) .... enfants?*

– *Oui, je leur donne cent euros.*

– *Et qu'est-ce que tu offres à tes parents?*

– *Je (10) .... offre des chocolats.*

à	aux	auxiliary	for
for	her	infinitive	*leur*
lui	~~pronouns~~	verb	

2 Lui ou leur?

Trouve les paires.

1 Mon petit frère a faim. — ....*b*....
2 C'est l'anniversaire de Jean-Pierre. ....
3 Ta petite sœur a perdu son manteau. ....
4 Ma tante m'a envoyé un beau cadeau d'anniversaire. ....
5 Mes amis ont organisé une boum. ....
6 Un interviewer va parler à des personnes dans la rue. ....
7 Tu racontes tes vacances à tes cousins. ....
8 Ton copain t'a laissé un message. ....
9 Ce matin, mon ami a oublié ses tickets de bus. ....
10 Après une longue promenade, tous les enfants avaient soif. ....

a Les professeurs leur ont donné du jus de fruit.
b Je vais lui acheter un sandwich.
c Je leur ai prêté des CD.
d Ses amis lui envoient des cartes.
e Et tu leur montres tes photos.
f Il va leur poser des questions.
g Je lui ai prêté un de mes tickets.
h Tu vas lui téléphoner.
i Je vais lui prêter mon anorak.
j Je vais lui écrire une lettre pour lui dire merci.

3 Au restaurant

Mets les mots dans l'ordre.

Exemple: Qu'est-ce qu'on a demandé à la réceptionniste?   table / On / demandé / lui / une / a

> ***On lui a demandé une table.***

1 Qu'est-ce qu'on a demandé au garçon de café?   On / a / lui / demandé / le / menu

....

2 Qu'est-ce qu'on a servi à maman?   On / servi / lui / a / du poisson

....

3 Qu'est-ce qu'on a servi à papa?   On / avec / un steak / servi / a / lui / des légumes

....

4 Qu'est-ce qu'on a servi aux enfants?   servi / des saucisses / On / leur / a / avec / des frites

....

5 Qu'est-ce qu'il a servi comme boisson aux enfants?   Il / leur / du jus / a / servi / d'orange

....

6 Qu'est-ce qu'on a demandé au serveur à la fin du repas?   On / demandé / l'addition / lui / a

....

44

► **G** 6.4 ou **ET3** p 97

1 Complète le résumé

The pronoun *en* has several meanings: of it, ___*of them*___, some, (1) ....

• *Tu as assez de couteaux? J'en ai sept.* Have you enough knives? I've got seven of them.

• *Voilà du café. Il en boit* (2) .... There's (3) .... He's drinking a cup of it.

• *Tu en veux?* Do you want some/any?

It is often used with the phrase (4) .... (there is / there are):

• *Il y en a six.* There are six (of them).

In English we often miss out 'of it / of them', but in French you always have to (5) .... it.

Like other pronouns, *en* is placed (6).............................. the verb. In the (7) .... tense *en* goes before the (8) .... verb.

• *Tu veux du lait? J'en ai mis sur la table.* Do you want some milk? I've put some on the table.

any	auxiliary	before	*il y a*	include	~~of them~~	perfect	some coffee	*une tasse*

2 Mets les mots dans l'ordre

1 en Il a dix y.
   Il y en a dix.
....

2 boit Il verre en un.
....

3 veux en Tu?
....

4 J' cuisine en dans mis ai la.
....

5 le y a Il dans salon en.
....

6 assez Vous avez en?
....

3 Français–anglais

C'est quelle phrase de l'activité 2? Trouve les paires.

Exemple: Would you like some? ___*3*___

a Have you got enough of it? ....

b He's drinking a glass of it. ....

c There's some in the lounge. ....

d There are ten of them. ....

e I've put some in the kitchen. ....

4 Le pique-nique

Complète les réponses.

Exemple: Tu as du pain? ✔ Oui, j' __*en*__ ai.

Tu as du beurre? ✗ Non, je n' __*en*__ ai pas.

1 Tu as des tasses? ✔
   Oui, ...

2 Tu as de la salade? ✗
   Non, ...

3 Tu as acheté de l'eau minérale? ✔
....

4 Tu as mis des serviettes dans le sac? ✗
....

5 Tu as préparé des sandwichs? ✔
....

6 Tu as invité des amis? ✗
   Ah non! .... !

▶ **G** 6.5 ou **ET3** p 98

I Complète le résumé

Qui

Used in the middle of a sentence, *qui* can mean ___who___,
if it refers to people, or (1) _____, if it refers to
a (2) _____ or a place, e.g.:

• *Voici mon ami Martin* (3) _____ *part en vacances
avec nous.*
This is my friend Martin, who is going on holiday with us.

• *Voici une photo du gîte* (4) _____ *se trouve près
de la mer.*
This is a photo of the gîte which is near the sea.

You can (5) _____ shorten *qui*, not even
before a vowel.

Que

Used in the middle of a sentence, *que* can mean 'that'
or (6) _____. It can refer to people or things, e.g.:

• *Je vais sortir avec un ami* (7) _____ *j'ai rencontré en vacances.*
I'm going out with a friend that I met on holiday.

• *Regarde ce cadeau que mon ami m'a offert.*
Look at this present (8) _____ my friend has given me.

Before a vowel, *que* is shortened to (9) _____, e.g.:
C'est le jeu (10) _____ *on a recommandé à la télé.*

qui	qui	que	qu'	qu'
never	which	that		
which	thing	~~who~~		

2 Chez moi

*Voici deux phrases. À toi d'en faire une avec **qui**.*
Exemple: Voici mon hamster. Mon hamster s'appelle Lulu.

> ***Voici mon hamster qui s'appelle Lulu.***

1 C'est mon père. Mon père fait la cuisine chez nous.

....

2 J'ai une jolie chambre. Ma chambre est au deuxième étage.

....

3 J'ai un ordinateur. Mon ordinateur est dans ma chambre.

....

4 Mes frères partagent une chambre. Leur chambre est à côté de la salle de bains.

....

5 Mes parents ont la plus grande chambre. Leur chambre est au premier étage.

3 Chez nous

*Fais une phrase avec **que** (ou **qu'**) à chaque fois.*
Exemple: J'aime beaucoup les plats. Mon père prépare les plats.

> ***J'aime beaucoup les plats que mon père prépare.***

1 Et nous aimons surtout les crêpes. Mon père prépare les crêpes.

....

2 Nous avons deux lapins. Nous gardons les lapins dans le garage.

....

3 Nous avons aussi un petit chien, Toto. Tout le monde trouve Toto très amusant.

....

4 Mon frère aîné a une chaîne hi-fi. Il adore cette chaîne hi-fi.

....

5 Mon autre frère préfère son baladeur. Il écoute tout le temps son baladeur.

....

▶ **G** 10.7 ou **ET3** p 100

1 Complète le résumé

The two most common past tenses in French are the perfect
(_le passé composé_) and the (1) .... (l'imparfait).

Perfect tense

The perfect tense is easy to spot because it always has two parts:
auxiliary verb and (2) ...., e.g.:

• _nous avons voyagé_

• _nous sommes arrivés_

Imperfect tense

A verb in the imperfect tense is just (3) .... word.

You can recognise this tense by its endings which are:

je -ais	_nous_ (5) ....
_tu_ (4)	_vous -iez_
il/elle/on -ait	_ils/elles_ (6) ....

> -aient
> -ais
> -ions
> imperfect
> ~~le passé composé~~
> one
> past participle

2 L'anniversaire de Sébastien

Souligne les verbes qui sont au <u>passé composé</u> et encercle les verbes qui sont à ⟨l'imparfait.⟩

Cette année, Sébastien <u>a eu</u> un anniversaire un peu extraordinaire. Il ⟨passait⟩ ses vacances avec des amis. Ils étaient logés dans une vieille ferme à la campagne. Le mercredi 25 juillet, c'était l'anniversaire de Sébastien. Il s'est réveillé vers neuf heures du matin et il a regardé par la fenêtre. Il faisait un temps splendide, le soleil brillait et le ciel était sans nuages. Il est sorti de sa chambre et il a crié: 'Salut, tout le monde!' Pas de réponse! Il a fait sa toilette à la hâte et il est descendu en bas. Il n'y avait personne.

'Zut', a-t-il pensé. 'C'est mon anniversaire, et les autres sont partis sans moi! Chez moi, toute la famille fêtait mon anniversaire mais ici, tous mes amis ont oublié la date.'

Il a couru dans le jardin et soudain, il a entendu un grand cri: 'Bon anniversaire Sébastien!' Derrière la maison, il a vu tous ses amis avec un splendide pique-nique, des cartes et des cadeaux.

'Viens manger!' a dit Hélène. 'Moi, j'ai faim!'

► G 10.7 ou ET3 p 100

1 Complète le résumé

The perfect and imperfect tenses are often used together and both refer to the . *past.* ....

The (1) .... tense describes the state of affairs, something going on (2) ....

The (3) .... tense is used for completed events or actions. It tells us what (4) .... e.g.:

• *Il **faisait** du brouillard quand l'accident **est arrivé**.*

    ↓   ↓

(5) .... tense   (6) .... tense

~~past~~
perfect
perfect
happened
imperfect
imperfect
continuously

2 Coche les bonnes cases

	imperfect tense	perfect tense	continuous action	single action
Exemple: Quand il a eu son accident . . .	☐	✓	☐	✓
1 . . . Pierre roulait trop vite.	☐	☐	☐	☐
2 Sa voiture est entrée en collision avec un cycliste.	☐	☐	☐	☐
3 Le cycliste est tombé de son vélo.	☐	☐	☐	☐
4 Heureusement, le cycliste portait son casque.	☐	☐	☐	☐
5 Pierre est allé à l'hôpital.	☐	☐	☐	☐
6 Mais il n'était pas grièvement blessé.	☐	☐	☐	☐
7 Un agent de police est arrivé.	☐	☐	☐	☐
8 Il a noté tous les détails dans son carnet.	☐	☐	☐	☐

3 Je m'excuse

Complète les phrases avec les bons mots des deux cases. Trouve les paires.

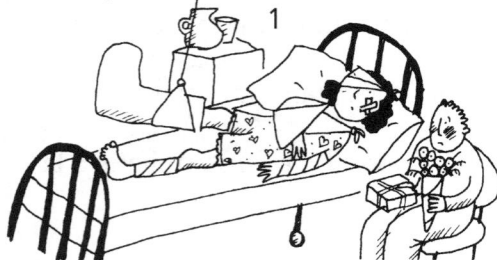

étais écoutions	a sonné
pouvaient savais	est tombée
voulait ~~étais~~	as été
	~~est arrivée~~
	a cassé
	avons pas entendu

Exemple: Je m'excuse, mais j' *étais* .... en vacances [f]

Je m'excuse, mais je ne .... pas ☐

Mes parents ne .... pas venir hier ☐

Ma petite sœur .... seulement essayer votre chapeau ☐

Nous nous excusons, mais nous .... de la musique et ☐

Je regrette, mais j'............................ en train de faire de la soupe ☐

a nous n'............................ .... sonner à la porte.

b lorsque le téléphone ....

c que tu .... malade.

d parce que leur voiture .... en panne.

e mais elle .... les fleurs.

f lorsque votre lettre *est arrivée.* ....

▶ **G** 6.2c ou **ET3** p 109

1 Des expressions utiles

Souligne le pronom et trouve la version anglaise.

Exemple: Excusez-moi, s'il <u>vous</u> plaît. ....*b*....   a I'll treat you.

1 Je vous dois combien? ....
2 Tu peux me rendre un service? ....
3 Je vous entends très mal. ....
4 Qu'est-ce que je vous sers? ....
5 Ça te plaît? ....
6 Je t'invite. ....
7 Ça vous dérange? ....
8 Je peux vous aider? ....

b Excuse me please.
c Do you like it? (Does it please you?)
d I can't hear you very well.
e How much do I owe you?
f What can I get you?
g Can you do me a favour?
h Can I help you?
i Do you mind?

2 Me (m') ou te (t')?

– Tu peux ...*me*... prêter dix euros?

– Oui, je peux (1) .... prêter dix euros, mais tu (2) .... dois déjà cinq euros.

– Je vais (3) .... rendre tout ton argent demain.

– Veux-tu (4) .... expliquer où est ta maison?

– Oui, oui. Je vais (5) .... expliquer ça, mais je (6) .... ai déjà donné un plan.

– Oui, je sais que tu (7) .... as donné un plan, mais il (8) .... semble très compliqué.

3 Nous et vous

Complète les phrases et trouve la bonne image.

Exemple: Qu'est-ce que je ...*vous*... sers? ..*C*..

1 On .... a préparé une belle surprise, monsieur. ....
2 Ton frère .... a envoyé ce cadeau d'Afrique du Nord. ....
3 Pouvez-vous .... expliquer le menu? ....
4 Ça .... fait mal? ....
5 Pouvez-vous .... trouver une plus grande tente? ....

A
B
C
D
E
F

▶ **G** 12.2, 14.3 ou **ET3** p 112

1 Complète le tableau

devoir to have to, must; to owe

present tense

je *dois* .... I have to, must   nous .... we have to, must

tu .... you have to, must   .... devez

il .... he has to, must   ils .... they ....

.... doit she has to, must   .... doivent they (f) have to, must

on .... (some)one has to, (we) must

perfect tense

j'ai dû (etc.)   I had to, must have

2 Qu'est-ce qu'ils doivent faire?

Exemple: Maman *doit faire les courses.*

1 Moi, je ....

2 Toi, tu ....

3 Sophie ....

4 Papa ....

5 Nous ....

6 Vous ....

7 Luc et Robert ....

8 Lucie et Nicole ....

(faire la cuisine)

(faire le ménage)

(faire la vaisselle)

(travailler dans le jardin)

(passer l'aspirateur)

(faire les courses)

(laver la voiture)

(finir ses devoirs)

(mettre la table)

3 Des conversations

Complète les phrases . . .

a *. . . au présent*

Exemple: Est-ce que Marc va au match? – Non, il *doit* .... aller chez ses grands-parents.

1 Est-ce que Claire vient en ville? – Oui, mais elle .... aller chez le dentiste à trois heures.

2 Tu veux aller au cinéma ce soir? – Oui, je veux bien, mais d'abord, je .... finir mes devoirs.

3 Tu peux sortir samedi soir? – Oui, mais je .... rentrer avant onze heures.

4 Est-ce que les autres viennet. – Non, ils .... travailler.

b *. . . au passé composé*

Exemple: Est-ce que Charlotte est ici? – Non, elle *a dû* .... aller en ville.

1 Vous avez vu Mathieu? – Non, il .... aller directement au café.

2 Vous êtes rentrés tard samedi dernier? – Oui, nous .... à pied.

3 Tu n'es pas venue à la boum. Pourquoi? – J' .... faire du baby-sitting.

4 Est-ce que Marc et Anne ont téléphoné? – Non, ils .... oublier.

1 Nouns

1.1 Masculine and feminine

A noun is the name of someone or something or the word for a thing (e.g. a box, a pencil, laughter). All nouns in French are either masculine or feminine. (This is called their **gender**.)

masculine singular	feminine singular
le garçon	*la fille*
un village	*une ville*
l'appartement	*l'épicerie*

Nouns which refer to people often have a special feminine form. Most follow one of these patterns:

	masculine	feminine
add -e	*un ami*	*une amie*
-er → -ère	*un infirmier*	*une infirmière*
-eur → -euse	*un vendeur*	*une vendeuse*
-eur → -rice	*un instituteur*	*une institutrice*
-en → -enne	*un lycéen*	*une lycéenne*
stay same	*un touriste* *un élève* *un enfant*	*une touriste* *une élève* *une enfant*
no pattern	*un copain* *un roi*	*une copine* *une reine*

1.2 Is it masculine or feminine?

Sometimes the ending of a word can give you a clue as to whether it's masculine or feminine. Here are some guidelines:

endings normally masculine	exceptions	endings normally feminine	exceptions
-age	*une image,* *la plage*	-ade -ance -tion	
-aire -é -eau	*l'eau (f)*	-ée -ère -erie	*un lycée, musée*
-eur -ier -in	*la fin*	-ette -que	*un squelette* *le plastique,* *un moustique,* *un kiosque*
-ing -isme -ment		-rice	*le dentifrice*
-o	*la météo*	-sse -té -ure	

1.3 Singular and plural

Nouns can also be singular (referring to just one thing or person) or plural (referring to more than one thing or person):

une chambre   *des chambres*

In many cases, it is easy to use and recognise plural nouns because the last letter is an -s. (Remember that an -s on the end of a French word is usually silent.)

un livre   *des livres*

1.3a Some common exceptions:

1 Most nouns which end in -eau or -eu add an -x:

un château   *des châteaux*
un jeu   *des jeux*

2 Some nouns which end in -ou add an -s in the plural, others add an -x:

un trou   *des trous*
un chou   *des choux*

3 Most nouns which end in -al change this to -aux in the plural:

un animal   *des animaux*

4 Nouns which already end in -s, -x or -z don't change in the plural:

un repas   *des repas*
le prix   *les prix*

5 A few nouns don't follow any clear pattern:

un œil   *des yeux*

2 Articles

2.1 *le, la, les* (definite article)

The definite article is the word for 'the' which appears before a noun. It is often left out in English, but it must not be left out in French (except in a very few cases).

singular			plural
masculine	feminine	before a vowel	(all forms)
le village	*la ville*	*l'épicerie*	*les touristes*

2.2 *un, une, des* (indefinite article)

These are the words for 'a', 'an' or 'some' in French.

singular		plural
masculine	feminine	(all forms)
un appartement	*une maison*	*des appartements* *des maisons*

No article is used in French when describing a person's occupation:

Elle est dentiste.   She's a dentist.
Il est employé de bureau.   He's an office worker.

Note: if there is an adjective before the noun, *des* changes to *de*.
On a vu de beaux châteaux au pays de Galles.
We saw some fine castles in Wales.

2.3 Some or any (partitive article)

The word for 'some' or 'any' changes according to the noun it is used with:

singular			plural
masculine	feminine	before a vowel	(all forms)
du pain	*de la viande*	*de l'eau*	*des poires*

Use *de* (*d'*) instead of *du/de la/de l'/des* in the following cases:

- after a negative (*ne … pas, ne … plus, ne … jamais* etc.)
  Je n'ai pas d'argent.   I haven't any money.
  Il n'y a plus de légumes.   There are no vegetables left.
- after expressions of quantity:
  un kilo de poires   a kilo of pears

But not with the verb *être*:
Ce n'est pas du sucre,   It's not sugar, it's salt.
c'est du sel.

2.4 *ce, cet, cette, ces* (this, that, these, those)

The different forms of ce are used instead of *le, l', la, les* when you want to point out a particular thing or person:

singular			plural
masculine	before a vowel (masculine only)	feminine	(all forms)
ce chapeau	*cet anorak*	*cette jupe*	*ces chaussures*

Ce can mean either 'this' or 'that'. *Ces* can mean either 'these' or 'those'. *Ce, cet* or *cette* before a singular noun can mean either 'this' or 'that'.

Ce livre n'est pas cher.   This (That) book isn't expensive.
Cette carte postale est jolie. This (That) postcard is pretty.

Ces before a plural noun can mean either 'these' or 'those'.

Ces chaussures sont confortables.   These (Those) shoes are comfortable.

3 Adjectives

3.1 Agreement of adjectives

Adjectives, or describing words (e.g. tall, important) tell you more about a noun. In French, adjectives are masculine, feminine, singular or plural to agree with the noun.
Look at the patterns in the tables below to see how adjectives agree.

3.1a Regular adjectives

singular		plural	
masculine	feminine	masculine	feminine
grand	grande	grands	grandes

A lot of adjectives follow the above pattern.
Adjectives which end in *-u*, *-i* or *-é* change in spelling, but sound the same.

bleu	bleue	bleus	bleues
joli	jolie	jolis	jolies
fatigué	fatiguée	fatigués	fatiguées

Adjectives which already end in *-e* (with no accent) have no different feminine form:

jaune	jaune	jaunes	jaunes

Adjectives which already end in *-s* have no different masculine plural form:

français	française	français	françaises

Adjectives which end in *-er* follow this pattern:

cher	chère	chers	chères

Adjectives which end in *-eux* follow this pattern:

délicieux	délicieuse	délicieux	délicieuses

Some adjectives double the last letter before adding an *-e* for the feminine form:

gros	grosse	gros	grosses
bon	bonne	bons	bonnes

3.1b Irregular adjectives

Many common adjectives are irregular, and you need to learn each one separately. Here are some you have already met:

blanc	blanche	blancs	blanches
long	longue	longs	longues
vieux (vieil)	vieille	vieux	vieilles
nouveau (nouvel)	nouvelle	nouveaux	nouvelles
beau (bel)	belle	beaux	belles

Vieil, *nouvel* and *bel* are used before masculine nouns which begin with a vowel.
A few adjectives are invariable (inv.) and do not change at all:

marron	marron	marron	marron
bleu marine	bleu marine	bleu marine	bleu marine
vert foncé	vert foncé	vert foncé	vert foncé
gris clair	gris clair	gris clair	gris clair

3.2 Position of adjectives

Adjectives normally follow the noun:
J'ai vu un film très intéressant à la télé.
Regarde cette jupe noire.
Some common adjectives go before the noun, e.g. *beau, bon, court, grand, gros, jeune, joli, long, mauvais, petit, premier, vieux.*

C'est un petit garçon.
Il prend le premier train pour Paris.
Adjectives of colour and nationality follow the noun.

3.3 Comparisons

To compare one person or thing with another, you use *plus* (more), *moins* (less) or *aussi* (as) before the adjective, followed by *que* (than/as):

		plus		richer than
Il est		moins	*riche que mon père*	not as rich as
		aussi		as rich as

Remember to make the adjective agree in the usual way:
Jean-Luc est plus âgé que Nicole.
Nicole est plus âgée que Robert.
Jean-Luc et Nicole sont plus âgés que Robert.
Notice these special forms:

bon	meilleur (better)
mauvais	plus mauvais or pire (worse)

Ce livre est meilleur que l'autre.
Cette maison est meilleure que l'autre.
Cet article est pire que l'autre.

3.4 The superlative

You use the superlative when you want to say that something is the best, the biggest, the most expensive etc.

*La tour Eiffel est le monument **le plus célèbre** de Paris.*
The Eiffel Tower is the most famous monument in Paris.

*Paris est **la plus belle** ville du monde.*
Paris is the most beautiful city in the world.

*Les TGV sont les trains français **les plus rapides.***
The TGV are the fastest French trains.

Notice that
- you use *le plus, la plus, les plus* and the correct form of the adjective, depending on whether you are describing something which is masculine, feminine, singular or plural.
- if the adjective normally goes after the noun, then the superlative also follows the noun:
  (C'est un monument moderne.)
  C'est le monument le plus moderne de Paris.
  It's the most modern monument in Paris.
- if the adjective normally goes before the noun, then the superlative can go before the noun:
  (C'est un grand bâtiment.)
  C'est le plus grand bâtiment de Paris.
  It's the tallest building in Paris.
- you usually use *le/la/les plus* (meaning 'the most') but you can also use *le/la/les moins* (meaning 'the least'):
  J'ai acheté ce gâteau parce que c'était le moins cher.
  I bought this cake because it was the least expensive.

  Here are some useful expressions:

le moins cher	the least expensive
le plus cher	the most expensive
le plus petit	the smallest
le plus grand	the biggest
le meilleur	the best
le pire	the worst

4 Adverbs

4.1 Formation

Adverbs usually tell you how, when or where something happened, or how often something is done.
Many adverbs in English end in -ly, e.g. quietly. Similarly, many adverbs in French end in -ment, e.g. doucement.
To form an adverb in French you can often add -ment to the feminine singular of the adjective:

masculine singular	feminine singular		adverb
malheureux	malheureuse	+ ment	malheureusement unfortunately
lent	lente	+ ment	lentement slowly

If a masculine singular adjective ends in a vowel, just add -ment:

vrai + ment vraiment (= really, truly)

If a masculine singular adjective ends in -ent, change to -emment:

évident évidemment (= obviously)

4.2 Comparative and superlative

As with adjectives, you can use the comparative or superlative to say that something goes more quickly or fastest etc.

*Marc skie **plus vite** que Lucie.* Marc skis faster than Lucie.

*Allez à la gare **le plus vite** possible.* Go to the station as quickly as possible.

Notice these special forms:

bien	mieux	well	better
mal	pire	badly	worse

Ça va mieux aujourd'hui? Are you feeling better today?

Non, je me sens encore pire. No, I feel even worse.

4.3 Quantifiers

These are useful words which add more intensity to meaning.

assez	quite, rather	tout à fait	completely, quite
beaucoup	much	très	very
pas beaucoup	not much	trop	too
(un) peu	(a) little	vraiment	really

Here are some examples in use:

Elle est assez grande.	She's quite tall.
Ce n'est pas beaucoup plus loin.	It's not much further.
Tu as tout à fait raison.	You are absolutely right.
Il y a peu de place.	There's little room.
C'est trop cher.	It's too expensive.
C'était vraiment excellent.	It was really excellent.

5 Expressing possession

5.1 My, your, his, her, its, our, their

	singular			plural
	masculine	feminine	before a vowel	(all forms)
my	mon	ma	mon	mes
your	ton	ta	ton	tes
his/her/its	son	sa	son	ses
our	notre	notre	notre	nos
your	votre	votre	votre	vos
their	leur	leur	leur	leurs

These words show who something or somebody belongs to. They agree with the noun that follows them, NOT the person. This means that *son, sa, ses* can mean 'his', 'her' or 'its'. The meaning is usually clear from the context.

Paul mange son déjeuner.	Paul eats his lunch.
Marie mange son déjeuner.	Marie eats her lunch.
Le chien mange son déjeuner.	The dog eats its lunch.

Before a feminine noun beginning with a vowel, use *mon, ton* or *son*:

Mon amie s'appelle Nicole.

Où habite ton amie, Françoise?

Son école est fermée aujourd'hui.

5.2 à + name

Another way of saying who something belongs to is to use *à* + the name of the owner or an emphatic pronoun (*moi, toi*, etc.):

C'est à qui, ce stylo?	Whose pen is this?
C'est à toi.	Is it yours?
Non, c'est à Paul.	No, it's Paul's.
Ah oui, c'est à moi.	Oh yes, it's mine.

This way of expressing possession is common in conversational French.

5.3 de + noun

There is no use of apostrophe '-s' in French, so to translate 'Marie's house' or 'Olivier's skis' you have to use *de* followed by the name of the owner:

C'est la maison de Marie.	It's Marie's house.
Ce sont les skis d'Olivier.	They are Olivier's skis.

If you don't actually name the person, you have to use the appropriate form of *de* (*du, de la, de l'* or *des*):

C'est la tente de la famille anglaise.	It's the English family's tent.

6 Pronouns

6.1 Subject pronouns

Subject pronouns are pronouns like 'I', 'you' etc. which usually come before the verb. In French, the subject pronouns are:

je	I
tu	you (to a young person, close friend, relative)
il	he, it
elle	she, it
on	one, you
	we (often used in place of nous in spoken French)
	they, people in general
nous	we
vous	you (to an adult you don't know well)
	you (to more than one person)
ils	they (for a masculine plural noun)
	they (for a mixed group)
elles	they (for a feminine plural noun)

6.2 Object pronouns

These pronouns replace a noun, or a phrase containing a noun which is not the subject of the verb. They are used a lot in conversation and save you having to repeat a noun or phrase. The pronoun goes immediately before the verb, even when the sentence is a question or in the negative:

*Tu **le** vois?*	Can you see him?
*Non, je ne **le** vois pas.*	No, I can't see him.

If a verb is used with an infinitive, the pronoun goes before the infinitive:

*Quand est-ce que tu vas **les** voir?*	When are you going to see them?
*Elle veut **l'**acheter tout de suite.*	She wants to buy it straight away.

In the perfect tense, the object pronoun goes before the auxiliary verb (*avoir* or *être*):

*C'est un bon film. Tu **l'**as vu?*	It's a good film. Have you seen it?

6.2a *le*, *la*, *les* (direct object pronouns)

Le replaces a masculine noun and *la* replaces a feminine noun to mean 'it', 'him' or 'her'. *Les* means 'them'.

*Tu prends **ton vélo**?*	*Oui, je **le** prends.*
Are you taking your bike?	Yes, I'm taking it.
*Vous prenez **votre écharpe**?*	*Oui, je **la** prends.*
Are you taking your scarf?	Yes, I'm taking it.
*N'oubliez pas **vos gants**!*	*Ça va, je **les** porte.*
Don't forget your gloves.	It's OK, I'm wearing them.
*Tu as vu **Philippe** en ville?*	*Oui, je **l'**ai vu au café.*
Did you see Philippe in town?	Yes, I saw him in the café.
*Tu verras **Nadia** ce soir?*	*Non, je ne **la** verrai pas.*
Will you see **Nadia** tonight?	No, I won't be seeing her.

These pronouns can also be used with *voici* and *voilà*:

*Tu as **ta carte**?*	*La voilà.*	Here it is.
*Vous avez **votre billet**?*	*Le voilà.*	Here it is.
*Où sont **Philippe et Claire**?*	*Les voilà.*	Here they are.

6.2b *lui*, *leur* (indirect object pronouns)

– *Qu'est-ce que tu vas offrir **à ta sœur**?*
What will you give your sister?

– *Je vais **lui** offrir un CD.*	I'll give her a CD.
– *Et **à ton frère**?*	And your brother?
– *Je vais **lui** offrir un livre.*	I'll give him a book.

Lui is used to replace masculine or feminine singular nouns, often in a phrase beginning with *à*. It usually means 'to him' or 'for him' or 'to her' or 'for her'.
In the same way, *leur* is used to replace masculine or feminine plural nouns, often in a phrase beginning with *à* or *aux*. It usually means 'to them' or 'for them'.

– *Tu as déjà téléphoné **à tes parents**?*
– *Non, mais je vais **leur** téléphoner ce soir.*
Have you already phoned your parents?
No, but I'll phone them tonight.

6.2c *me*, *te*, *nous*, *vous*

These are used as both direct and indirect object pronouns.

Me (or *m'*) means 'me', 'to me' or 'for me':
– *Est-ce que tu peux **m'**acheter un timbre?*
– *Oui, si tu **me** donnes de l'argent.*
Can you buy me a stamp?
Yes, if you give me some money.

Te (or *t'*) means 'you', 'to you' or 'for you':
*Henri . . . Henri, je **te** parle. Qui **t'**a donné cet argent?*
Henri, I'm speaking to you. Who gave you this money?

Nous means 'us', 'to us' or 'for us':
*Jean-Pierre vient **nous** chercher à la maison.*
*Les autres **nous** attendent au café.*
Jean-Pierre is picking us up at home.
The others are waiting for us at the café.

Vous means 'you', 'to you' or 'for you':

*Je **vous** dois combien?*	How much do I owe you?
*Je **vous** rendrai les skis la semaine prochaine.*	
I'll give you the skis back next week.	

6.3 *y*

Y usually means 'there' and is used instead of repeating the name of a place.

– *Quand vas-tu au marché?*	When are you going to the market?
– *J'**y** vais dimanche.*	I'm going there on Sunday.

It is also used to replace *à* or *dans* + a noun or phrase which does not refer to a person.

Est-ce que tu penses quelquefois à l'accident?	
Do you sometimes think about the accident?	
*Oui, j'**y** pense souvent.*	Yes, I often think about it.

It is also used in the following:

il y a	there is, there are
il y a deux ans	two years ago
On y va?	Shall we go? Let's go
J'y vais	I'll go
Ça y est	It's done, that's it
Vas-y!/Allez-y!	Go on! Come on!
Je n'y peux rien	I can't do anything about it

6.4 *en*

En can mean 'of it', 'of them', 'some' or 'any'.

*J'aime le pain/les légumes, j'**en** mange beaucoup.*
I like bread/vegetables, I eat a lot of it/of them.

*Il y a un gâteau; tu **en** veux?*
There is a cake; do you want some (of it)?

*Non merci, je n'**en** mange jamais.*
No thank you, I never eat any (of it).

In French it is essential to include *en*, whereas in English the pronoun is often left out.

En is also used to replace an expression beginning with *de, d', du, de la, de l'* or *des*:
*Quand es-tu revenu **de Paris**?*
When did you get back from Paris?
*J'**en** suis revenu samedi dernier.*
I got back (from there) last Saturday.
*Est-ce que j'aurai besoin **d'argent**?*
Will I need any money?
*Oui, tu **en** auras besoin.*
Yes, you will need some.

En is also used in the following expressions:

J'en ai assez	I have enough
J'en ai marre	I'm fed up with it
Il n'en reste plus	There's none (of it) left
Il n'y en a pas	There isn't/aren't any
Je n'en sais rien	I don't know anything about it

6.5 *qui* and *que*

Qui means 'who' when talking about people
*Voici l'infirmière **qui** travaille à la clinique à La Rochelle.*
There's the nurse who works in the hospital in La Rochelle.

When talking about things or places, *qui* means 'which' or 'that':
*C'est une ville française **qui** est très célèbre.*
It's a French town which is very famous.

It links two parts of a sentence together, or joins two short sentences into a longer one. It is never shortened before a vowel.

Que in the middle of a sentence means 'that' or 'which':
*C'est le cadeau **que** Christine a acheté pour son amie.*
It's the present that Christine bought for her friend.

*C'est un plat célèbre **qu'**on sert en Provence.*
It's a famous dish which is served in Provence.

Que can also refer to people:
*C'est le garçon **que** j'ai vu à Paris.* It's/He's the boy (that) I saw in Paris.

Sometimes you would miss 'that' out in English, but you can never leave *que* out in French.
Like *qui*, it links two parts of a sentence together or joins two short sentences into a longer one. But *que* is shortened to *qu'* before a vowel. The word or phrase which *que* replaces is the object of the verb, and not the subject:
– *Qu'est-ce que c'est comme livre?*
– *C'est le livre **que** Paul m'a offert à Noël.*
(In this example *que* refers to *le livre*. It (the book) didn't give itself to me, Paul gave it to me.)

7 Prepositions

7.1 à (to, at)

	singular		plural
masculine	feminine	before a vowel	(all forms)
au parc	à la piscine	à l'épicerie à l'hôtel	aux magasins

The word à can be used on its own with nouns which do not have an article (le, la, les):

Il va à Paris.	He's going to Paris.

7.2 de (of, from)

	singular		plural
masculine	feminine	before a vowel	(all forms)
du centre-ville	de la gare	de l'hôtel	des magasins

Ce bus part du centre-ville.
This bus leaves from the town centre.

Je vais de la gare à la maison en taxi.
I go home from the station by taxi.

Elle téléphone de l'hôtel.
She is phoning from the hotel.

Elle est rentrée des magasins avec beaucoup d'achats.
She's come back from the shops with a lot of shopping.

De can be used on its own with nouns which do not have an article:

Elle vient de Boulogne.	She's come from Boulogne.

7.3 en (in, by, to, made of)

En is often used with the names of countries and regions:

Arles se trouve en Provence. Arles is in Provence.

Nous passons nos vacances en Italie.
We are spending our holidays in Italy.

You use en with most means of transport:

en bus	by bus
en voiture	by car

You use en with dates, months and the seasons (except le printemps):

en 1900	in 1900
en janvier	in January
en hiver	in winter
(but au printemps)	(in spring)

7.4 Other prepositions

à côté de	beside	entre	between
dans	in	loin de	far from
derrière	behind	près de	near to
devant	in front of	sur	on
en face de	opposite	sous	underneath

Le collège est en face du parc.	The school is opposite the park.
J'habite près de la piscine.	I live near the swimming pool.

7.5 Prepositions with countries and towns

You use à (or au) with names of towns:

Je vais à Paris	I go to Paris.
Je passe mes vacances au Havre.	I spend the holidays at Le Havre

You use en (or au or aux) with names of countries:

Elle va en France. (la France)	
Il passe ses vacances au Canada. (le Canada)	
Je prends l'avion aux États-Unis. (les États-Unis)	

To say where someone or something comes from, you use de (or du or des):

Je viens de Belgique.	(la Belgique)
Ils viennent du Canada.	(le Canada)
Elle vient des États-Unis.	(les États-Unis)

8 The negative

8.1 ne . . . pas

To say what is **not** happening or **didn't** happen (in other words to make a sentence negative), put ne (n') and pas round the verb.

Je **ne** joue **pas** au badminton.	I don't play badminton.

In the perfect tense, ne and pas go round the auxiliary verb.

Elle **n'**a **pas** vu le film.	She didn't see the film.

In reflexive verbs, the ne goes before the reflexive pronoun.

Il **ne** se lève **pas**.	He's not getting up.

To tell someone not to do something, put ne and pas round the command.

N'oublie **pas** ton argent.	Don't forget your money.
Ne regardez **pas**!	Don't look!
N'allons **pas** en ville!	Let's not go to town.

If two verbs are used together, ne and pas usually go round the first verb:

Je **ne** veux **pas** faire ça.	I don't want to do that.

If there is an extra pronoun before the verb, ne goes before it:

Je **n'**en ai **pas**.	I don't have any.
Il **ne** lui a **pas** téléphoné.	He didn't phone her.

Sometimes pas is used on its own:

Pas encore	Not yet
Pas tout à fait	Not quite
Pas du tout	Not at all

Remember to use de after the negative instead of du, de la, des, un or une (except with the verb être):

– Avez-vous du lait?	Do you have any milk?
– Non, je ne vends pas de lait.	No, I don't sell milk.

8.2 Other negative expressions

Here are some other negative expressions which work in the same way as ne . . . pas:

• ne . . . plus	no more, no longer, none left
• ne . . . rien	nothing, not anything
• ne . . . jamais	never, not ever

Je **n'**habite **plus** en France.	I no longer live in France.
Il **n'**y a **rien** à la télé.	There's nothing on TV.
Je **ne** suis **jamais** allé à Paris.	I've never been to Paris.

The following expression works like ne . . . pas in the present tense:

• ne . . . personne	nobody, not anybody

However, in the perfect tense: the second part (personne) goes after the past participle:

*Elle **n'**a vu **personne** ce matin.*
She didn't see anyone this morning.

Rien, jamais and personne can be used on their own:

Qu'est-ce que tu as fait?	What did you do?
Rien de spécial.	Nothing special.
Qui est dans le garage?	Who is in the garage?
Personne.	Nobody.
Avez-vous déjà fait du ski?	Have you ever been skiing?
Non, **jamais**.	No, never.

9 Asking questions

9.1 Ways of asking questions

There are several ways of asking a question in French. You can just raise your voice in a questioning way:

Tu viens? ↗ Are you coming?
Vous avez décidé? ↗ Have you decided?

You can add *Est-ce que* to the beginning of the sentence:

Est-ce que vous êtes allé à Paris? Have you been to Paris?

You can turn the verb around:

Jouez-vous au badminton? Do you play badminton?

Notice that if the verb ends in a vowel in the third person you have to add *-t-* when you turn it round:

Joue-t-il au football? Does he play football?
Marie a-t-elle ton adresse? Has Marie got your address?

In the perfect tense you just turn the auxiliary verb round:

As-tu écrit à Paul? Have you written to Paul?
Karima a-t-elle téléphoné à Sophie? Did Karima phone Sophie?

9.2 Question words

Qui est-ce?	Who is it?
Quand arriverez-vous?	When will you arrive?
Combien l'avez-vous payé?	How much did you pay for it?
Combien de temps restez-vous en France?	How long are you staying in France?
Comment est-il?	What is it (he) like?
Comment allez-vous?	How are you?
Pourquoi avez-vous fait ça?	Why did you do that?
Qu'est-ce que c'est?	What is it?
C'est quoi?	What is it?
À quelle heure?	At what time?
Depuis quand?	Since when?
D'où?	From where?
Qui . . .?	Who . . .?
Que?/Qu'est-ce que . . .?	What . . .?

9.2a *quel*

Quel is an adjective and agrees with the noun that follows:

Quel âge avez-vous?	How old are you?
De quelle nationalité est-elle?	What nationality is she?
Quels sont vos horaires?	What hours do you work?
Quelles matières préfères-tu?	Which subjects do you prefer?

10 Verbs – main uses

10.1 Infinitive

This is the form of the verb which you would find in a dictionary. It means 'to . . . ', e.g. 'to speak', 'to have'. Regular verbs in French have an infinitive which ends in *-er*, *-re* or *-ir*, e.g. *parler*, *vendre* or *finir*. The infinitive never changes its form.

Many common French verbs are irregular. These are listed in *Les verbes* (pages 61–63).

10.2 Tense

The tense of the verb tells you when something happened, is happening or is going to happen. Each verb has several tenses. There are several important tenses, such as the present tense, the perfect tense, the future tense and the imperfect tense.

10.3 The present tense

The present tense describes what is happening now, at the present time or what happens regularly.

Je travaille ce matin.
I am working this morning.

Il vend des glaces aussi.
He sells ice cream as well.

Elle joue au tennis le samedi.
She plays tennis on Saturdays.

The expressions *depuis* and *ça fait . . . que* are used with the present tense when the action is still going on:

Je l'attends depuis deux heures.
I've been waiting for him for two hours (and still am!).

Ça fait trois mois que je travaille en France.
I've been working in France for three months.

10.4 Imperative

To tell someone to do something, you use the imperative or command form.

Attends! Wait! (to someone you call *tu*)
Regardez ça! Look at that! (to people you call *vous*)

It is often used in the negative.

Ne fais pas ça! Don't do that!
N'effacez pas . . . ! Don't rub out . . . !

To suggest doing something, use the imperative form of *nous*.

Allons au cinéma! Let's go to the cinema!

It is easy to form the imperative: in most cases you just leave out *tu*, *vous* or *nous* and use the verb by itself. With *-er* verbs, you take the final *-s* off the *tu* form of the verb.

10.5 The perfect tense

The perfect tense is used to describe what happened in the past, an action which is completed and is not happening now.
It is made up of two parts: an auxiliary (helping) verb (either *avoir* or *être*) and a past participle.

Samedi dernier, j'ai chanté dans un concert.
Last Saturday, I sang in a concert.

Hier, ils sont allés à La Rochelle.
Yesterday, they went to La Rochelle.

10.5a Forming the past participle

Regular verbs form the past participle as follows:

-er verbs change to *-é*, e.g. *travailler* becomes *travaillé*
-re verbs change to *-u*, e.g. *attendre* becomes *attendu*
-ir verbs change to *-i*, e.g. *finir* becomes *fini*

Many verbs have irregular past participles.

10.5b *avoir* as the auxiliary verb

Most verbs form the perfect tense with *avoir*. This includes many common verbs which have irregular past participles, such as

avoir	*eu*	*faire*	*fait*
boire	*bu*	*mettre*	*mis*
comprendre	*compris*	*pouvoir*	*pu*
connaître	*connu*	*prendre*	*pris*
croire	*cru*	*savoir*	*su*
devoir	*dû*	*voir*	*vu*
dire	*dit*	*vouloir*	*voulu*
être	*été*		

With *avoir*, the past participle doesn't change to agree with the subject.

10.5c *être* as the auxiliary verb

About thirteen verbs, mostly verbs of movement like *aller* and *partir*, form the perfect tense with *être* as their auxiliary. Some compounds of these verbs (e.g. *revenir* and *rentrer*) and all reflexive verbs also form the perfect tense with *être*.

Here are three ways to help you remember which verbs use *être*.

1 If you have a visual memory, this picture may help you.

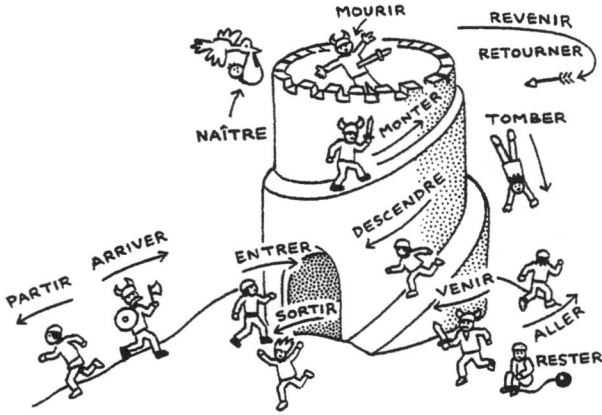

2 Learn them in pairs of opposites according to their meaning. Here are ten of them in pairs:

aller	to go	je suis allé
venir	to come	je suis venu
entrer	to go in	je suis entré
sortir	to go out	je suis sorti
arriver	to arrive	je suis arrivé
partir	to leave, to depart	je suis parti
descendre	to go down	je suis descendu
monter	to go up	je suis monté
rester	to stay, to remain	je suis resté
tomber	to fall	je suis tombé

and one odd one:

retourner	to return	je suis retourné*

Here is one more pair of opposites:

naître	to be born	il est né
mourir	to die	il est mort

revenir (like *venir*) and *rentrer* (like *entrer*) can often be used instead of *retourner*.

3 Each letter in the phrase '**Mrs van de Tramp**' stands for a different verb. Can you work them out?

When you form the perfect tense with *être*, the past participle agrees with the subject of the verb (the person doing the action). This means that you need to add an extra -e if the subject is feminine, and to add an extra -s if the subject is plural (more than one). Often the past participle doesn't actually sound any different when you hear it or say it.

je suis allé/allée	nous sommes allés/allées
tu es allé/allée	vous êtes allé/allée/allés/allées
il est allé	ils sont allés
elle est allée	elles sont allées
on est allé/allée/allés/allées	

10.6 The imperfect tense

The imperfect tense is another past tense.
It is used to describe something that used to happen frequently or regularly in the past:

Quand j'étais petit, j'allais chez ma tante tous les week-ends.
When I was small, I used to go to my aunt's every weekend.

It is also used for description in the past, particularly of weather:

J'étais en vacances. Il faisait beau.
I was on holiday. The weather was fine.
L'homme, comment était-il?
What was the man like?
Est-ce qu'il portait des lunettes?
Did he wear glasses?

It describes how things used to be:

À cette époque, il y avait beaucoup moins de circulation.
At that time, there was much less traffic.

It often translates 'was . . . ing' and 'were . . . ing':

Que faisiez-vous quand j'ai téléphoné?
What were you doing when I phoned?

It can be used to describe something you wanted to do, but didn't:

Nous voulions aller à Paris, mais il y avait une grève des transports.	We wanted to go to Paris but there was a transport strike.

It describes something that lasted for a long period of time:

En ce temps-là, nous habitions à Marseille.
At that time we lived in Marseille.

C'était + adjective can be used to say what you thought of something:

C'était magnifique.	It was great.
C'était affreux.	It was awful.

The imperfect tense can often be used for making excuses, for example in the following expressions:

Ce n'était pas de ma faute.	It wasn't my fault.
Je croyais/pensais que . . .	I thought that . . .
Je voulais seulement . . .	I only wanted to . . .
Je ne savais pas que . . .	I didn't know that . . .

10.6a Forming the imperfect tense

The endings for the imperfect tense are the same for all verbs:

je	. . . ais	nous	. . . ions
tu	. . . ais	vous	. . . iez
il	. . . ait	ils	. . . aient
elle	. . . ait	elles	. . . aient
on	. . . ait		

To form the imperfect tense, you take the *nous* form of the present tense, e.g. *nous allons*. Take away the *nous* and the -*ons* ending. This leaves the imperfect stem *all*-. Then add the imperfect endings:

j'allais	nous allions
tu allais	vous alliez
il allait	ils allaient
elle allait	elles allaient
on allait	

The verb *être* is irregular. The imperfect stem is *ét*- but the endings are the same.
The most important exception is *être*. The imperfect stem is *ét*-.

j'étais	nous étions
tu étais	vous étiez
il était	ils étaient
elle était	elles étaient
on était	

In the present tense, verbs like *manger*, *ranger* etc. take an extra -e in the *nous* form. This is to make the g sound soft (like a j sound). However, the extra -e is not needed before -*i*:

je mangeais	nous mangions
tu mangeais	vous mangiez
il mangeait	ils mangeaient
elle mangeait	elles mangeaient
on mangeait	

Similarly, with verbs like *commencer*, *lancer* etc. the final c becomes ç before a or o to make it sound soft. This gives *je commençais* but *nous commencions* etc.

10.7 Using the perfect and imperfect tenses

The imperfect tense and the perfect tense are often used together. One way to help you decide which tense to use is to imagine a river running along, with bridges crossing over it at intervals. The river represents something going on continuously, a state of affairs. The bridges cut across the river: they represent single actions, things that happened and are completed.

The imperfect tense is like the river: it describes the state of things, what was going on, e.g. *il faisait beau*. The perfect tense is like the bridges: it is used for the actions and events, for single things which happened and are completed, e.g. *Nous sommes allés à la plage*.

10.8 The future tense

The future tense is used to describe what will (or will not) happen at some future time:

L'année prochaine, je passerai mes vacances à Paris.
Next year I'll spend my holidays in Paris.

Qu'est-ce que tu feras quand tu quitteras l'école?
What will you do when you leave school?

The future tense must be used after *quand* if the idea of future tense is implied. (This differs from English.)

Je lui dirai de vous téléphoner quand il rentrera.
I'll ask him to phone you when he gets home.

The endings for the future tense are the same as the endings of the verb *avoir* in the present tense.

je	. . . ai	nous	. . . ons
tu	. . . as	vous	. . . ez
il	. . . a	ils	. . . ont
elle	. . . a	elles	. . . ont
on	. . . a		

10.8a Regular -er and -ir verbs

To form the future tense of these verbs, you just add the endings to the infinitive of the verb:

travailler	je travaillerai	partir	nous partirons
donner	tu donneras	jouer	vous jouerez
finir	il finira	sortir	ils sortiront

10.8b Regular -re verbs

To form the future tense, you take the final -e off the infinitive and add the endings:

prendre	je prendrai
attendre	elles attendront

10.8c Irregular verbs

Some common verbs don't form the first part of the verb (the future stem) in this way. But they still have the same endings:

acheter	j'achèterai	faire	je ferai
aller	j'irai	pouvoir	je pourrai
avoir	j'aurai	recevoir	je recevrai
courir	je courrai	savoir	je saurai
devoir	je devrai	venir	je viendrai
envoyer	j'enverrai	voir	je verrai
être	je serai	vouloir	je voudrai

You will notice that, in all cases, the endings are added to a stem which ends in -r. This means that you will hear an r sound whenever the future tense is used.

10.8d aller + infinitive

You can use the present tense of the verb *aller* followed by an infinitive to talk about the future and what you are going to do:

Qu'est-ce que vous allez faire ce week-end?
What are you going to do this weekend?

Je vais passer le week-end à Paris.
I'm going to spend the weekend in Paris.

11 Reflexive verbs

11.1 Infinitive

Reflexive verbs are listed in a dictionary with the pronoun *se* (called the reflexive pronoun) in front of the infinitive, e.g. *se lever*. The *se* means 'self' or 'each other' or 'one another'.

Je me lave.   I get (myself) washed.
Ils se regardaient.   They were looking at each other.
Quand est-ce qu'on va se revoir?
When shall we see one another again?

11.2 The present tense

Many reflexive verbs are regular -er verbs:

Je me lave	I get washed
Tu te lèves?	Are you getting up?
Il se rase	He gets shaved
Elle s'habille	She gets dressed
On s'amuse	We have fun
Nous nous débrouillons	We manage/We get by
Vous vous dépêchez?	Are you in a hurry?
Ils se présentent	They introduce themselves
Elles se disputent (toujours)	They are (always) arguing

11.3 Commands

To tell someone to do (or not to do) something, use the imperative or command form.

Reflexive verbs follow this pattern – in the *tu* form, *te* changes to *toi*:

Lève-toi!	Stand up!
Amusez-vous bien!	Have a good time!
Dépêchons-nous!	Let's hurry!

In the negative, this changes as follows:

Ne te lève pas!	Don't get up!
Ne vous inquiétez pas!	Don't worry!
Ne nous dépêchons pas!	Let's not rush!

11.4 The perfect tense

Reflexive verbs form the perfect tense with *être*. Add an -e to the past participle if the subject is feminine and an -s if it is plural.

se réveiller

je me suis réveillé(e)	*nous nous sommes réveillé(e)s*
tu t'es réveillé(e)	*vous vous êtes réveillé(e)(s)*
il s'est réveillé	*ils se sont réveillés*
elle s'est réveillée	*elles se sont réveillées*
on s'est réveillé(e)(s)	

12 Verbs – some special uses

12.1 avoir

In French, *avoir* is used for certain expressions where the verb 'to be' is used in English:

J'ai . . .	*. . . quatorze ans.*	I'm fourteen.
Tu as . . .	*. . . quel âge?*	How old are you?
Il a . . .	*. . . froid.*	He's cold.
Elle a . . .	*. . . chaud.*	She's hot.
Nous avons . . .	*. . . faim.*	We're hungry.
Vous avez . . .	*. . . soif?*	Are you thirsty?
Ils ont . . .	*. . . mal aux dents.*	They've got toothache.
Elles ont . . .	*. . . peur.*	They're afraid.

Avoir is also used in *avoir besoin de* (to need; to have need of).

J'ai besoin d'argent.   I need some money.

12.2 *devoir*

The verb *devoir* has different uses:

1 to owe
When it means 'to owe', *devoir* is not followed by an infinitive:

*Je te **dois** combien?*   How much do I **owe** you?

2 to have to, must
With this meaning, *devoir* is nearly always followed by a second verb in the infinitive:

*Je **dois** partir à 10 heures.*   I have to leave at 10.00.
*Elle **a dû** travailler tard.*   She had to work late.

12.3 *faire*

The verb faire is used with weather phrases:

Il fait beau.   The weather's fine.
Il fait froid.   It's cold.

It is also used to describe some activities and sports:

faire des courses   to go shopping
faire du vélo   to go cycling

12.4 *savoir* and *connaître* (to know)

Savoir is used when you want to talk about knowing specific facts or knowing how to do something.

Je ne savais pas que son père était mort.
I didn't know that his father was dead.

Tu sais faire du ski?   Do you know how to ski?

Connaître is used to say you know people or places. It has the sense of 'being acquainted with'.

Vous connaissez mon professeur de français?
Do you know my French teacher?

Il connaît bien Paris.   He knows Paris well.

12.5 *savoir* and *pouvoir* (know how to, can)

Savoir is used to say you can (know how to) do something.

Tu sais jouer du piano?
Can you (Do you know how to) play the piano?

Pouvoir is used to say whether something is possible or not.

Tu peux venir à la maison samedi?
Can you (Is it possible for you to) come to the house on Saturday?

12.6 *venir de*

To say something has just happened, you use the present tense of *venir* + *de* + the infinitive:

Elle vient de téléphoner.   She's just phoned.
Vous venez d'arriver?   Have you just arrived?
Ils viennent de partir.   They've just left.

To say something had just happened, you use the imperfect tense of *venir de* + the infinitive:

Elle venait de partir quand il a téléphoné.
She had just left when he phoned.

13 Verb constructions

It is common to find two verbs in sequence in a sentence: a main verb followed by an **infinitive**.
Sometimes the infinitive follows directly, sometimes you must use *à* or *de* before the infinitive.

13.1 Verbs followed directly by the infinitive

adorer	to love
aimer	to like, love
aller	to go
détester	to hate
devoir	to have to, must
espérer	to hope
penser	to think, intend
pouvoir	to be able, can
préférer	to prefer
savoir	to know how
vouloir	to want, wish

*Que **pensez**-vous faire l'année prochaine?*
What are you thinking of doing next year?

***Aimez**-vous **étudier**?*   Do you like studying?

13.2 Verbs followed by *à* + infinitive

A small number of verbs are followed by *à* + infinitive:

aider qqn à	to help someone to
s'amuser à	to enjoy doing
apprendre à	to learn to
commencer à	to begin to
consentir à	to agree to
continuer à	to continue to
encourager à	to encourage to
hésiter à	to hesitate to
s'intéresser à	to be interested in
inviter qqn à	to invite someone to
se mettre à	to begin to
passer (du temps) à	to spend time in
réussir à	to succeed in

*Il **a commencé à** pleuvoir.*
It started to rain/It started raining.

*J'**ai passé** tout le week-end **à faire** mes devoirs.*
I spent all weekend doing my homework.

13.3 Verbs followed by *de* + infinitive

Many verbs are followed by *de* + infinitive. Here are some of the most common:

arrêter de	to stop
cesser de	to stop
décider de	to decide to
se dépêcher de	to hurry
empêcher de	to prevent
essayer de	to try to
éviter de	to avoid
menacer de	to threaten to
être obligé de	to be obliged to
oublier de	to forget to
refuser de	to refuse to

*Il **a cessé de** neiger.*
It's stopped snowing.

*Nous **étions obligés de** rester jusqu'au matin.*
We had to stay until the morning.

Many expressions with *avoir* are followed by *de* + infinitive:

avoir besoin de	to need to
avoir l'intention de	to intend to
avoir peur de	to be afraid of
avoir le droit de	to have the right to, be allowed to
avoir le temps de	to have time to
avoir envie de	to wish, want to

*Elle **avait peur de dire** la vérité.*
She was afraid of telling the truth.

14 Les verbes

14.1 Regular verbs

The following verbs show the main patterns for regular verbs. There are three main groups: those whose infinitives end in -er, -ir or -re. Verbs which do not follow these patterns are called irregular verbs.

infinitive	present	perfect	imperfect	future
jouer	je jou**e**	j'ai jou**é**	je jou**ais**	je jou**erai**
to play	tu jou**es**	tu as jou**é**	tu jou**ais**	tu jou**eras**
	il jou**e**	il a jou**é**	il jou**ait**	il jou**era**
imperative	elle jou**e**	elle a jou**é**	elle jou**ait**	elle jou**era**
jou**e**!	on jou**e**	on a jou**é**	on jou**ait**	on jou**era**
jou**ons**!	nous jou**ons**	nous avons jou**é**	nous jou**ions**	nous jou**erons**
jou**ez**!	vous jou**ez**	vous avez jou**é**	vous jou**iez**	vous jou**erez**
	ils jou**ent**	ils ont jou**é**	ils jou**aient**	ils jou**eront**
	elles jou**ent**	elles ont jou**é**	elles jou**aient**	elles jou**eront**
choisir	je chois**is**	j'ai chois**i**	je chois**issais**	je chois**irai**
to choose	tu chois**is**	tu as chois**i**	tu chois**issais**	tu chois**iras**
	il chois**it**	il a chois**i**	il chois**issait**	il chois**ira**
imperative	elle chois**it**	elle a chois**i**	elle chois**issait**	elle chois**ira**
chois**is**!	on chois**it**	on a chois**i**	on chois**issait**	on chois**ira**
chois**issons**!	nous chois**issons**	nous avons chois**i**	nous chois**issions**	nous chois**irons**
chois**issez**!	vous chois**issez**	vous avez chois**i**	vous chois**issiez**	vous chois**irez**
	ils chois**issent**	ils ont chois**i**	ils chois**issaient**	ils chois**iront**
	elles chois**issent**	elles ont chois**i**	elles chois**issaient**	elles chois**iront**
vendre	je vend**s**	j'ai vend**u**	je vend**ais**	je vend**rai**
to sell	tu vend**s**	tu as vend**u**	tu vend**ais**	tu vend**ras**
	il vend	il a vend**u**	il vend**ait**	il vend**ra**
imperative	elle vend	elle a vend**u**	elle vend**ait**	elle vend**ra**
vend**s**!	on vend	on a vend**u**	on vend**ait**	on vend**ra**
vend**ons**!	nous vend**ons**	nous avons vend**u**	nous vend**ions**	nous vend**rons**
vend**ez**!	vous vend**ez**	vous avez vend**u**	vous vend**iez**	vous vend**rez**
	ils vend**ent**	ils ont vend**u**	ils vend**aient**	ils vend**ront**
	elles vend**ent**	elles ont vend**u**	elles vend**aient**	elles vend**ront**

Some verbs are only slightly irregular. Here are some which you have met.
The main difference in the verbs **acheter** and **jeter** is in the *je, tu, il/elle/on* and *ils/elles* forms of the present tense and in the stem for the future tense:

infinitive	present	future	infinitive	present	future
acheter	j'ach**è**te	j'ach**è**terai	**jeter**	je je**tt**e	je je**tt**erai
to buy	tu ach**è**tes	tu ach**è**teras	*to throw*	tu je**tt**es	tu je**tt**eras
imperative	il ach**è**te	il ach**è**tera	**imperative**	il je**tt**e	il je**tt**era
ach**è**te!	nous achetons	nous ach**è**terons	je**tt**e!	nous jetons	nous je**tt**erons
achetons!	vous achetez	vous ach**è**terez	jetons!	vous jetez	vous je**tt**erez
achetez!	ils ach**è**tent	ils ach**è**teront	jetez!	ils je**tt**ent	ils je**tt**eront

---

manger (and **arranger**, **nager**, **partager**, **ranger**, **voyager** etc.)
There is an extra *e* before endings starting with *a*, *o* or *u* to make the *g* sound soft.
present: nous mang**e**ons; **imperfect:** je mang**e**ais etc.

---

commencer (and **placer**, **remplacer** etc.)
The second *c* becomes *ç* before endings starting with *a*, *o* or *u* to make the *c* sound soft.
present: nous commen**ç**ons; **imperfect:** je commen**ç**ais etc.

14.2 Reflexive verbs

Reflexive verbs are used with a reflexive pronoun (*me, te, se, nous, vous*). Sometimes this means 'self' or 'each other'.
Many reflexive verbs are regular -er verbs and they all form the perfect tense with *être* as the auxiliary, so add -e if the subject is feminine, add -s if the suject is plural.

infinitive	present		perfect		imperative
se laver	je **me** lave	nous **nous** lavons	je **me** suis lavé(e)	nous **nous** sommes lavé(e)s	lave-**toi**!
to get washed,	tu **te** laves	vous **vous** lavez	tu **t'**es lavé(e)	vous **vous** êtes lavé(e)(s)	lavons-**nous**!
wash oneself	il **se** lave	ils **se** lavent	il **s'**est lavé	ils **se** sont lavés	lavez-**vous**!
	elle **se** lave	elles **se** lavent	elle **s'**est lavée	elles **se** sont lavées	
	on **se** lave		on **s'**est lavé(e)(s)		

14.3 Irregular verbs

In the following verbs the *il* form is given. The *elle* and *on* forms follow the same pattern unless shown separately. The same applies to *ils* and *elles*.

infinitive	present	perfect	imperfect	future
aller	je vais	je suis allé(e)	j'allais	j'irai
to go	tu vas	tu es allé(e)	tu allais	tu iras
	il va	il est allé	il allait	il ira
imperative		elle est allée		
va!	nous allons	nous sommes allé(e)s	nous allions	nous irons
allons!	vous allez	vous êtes allé(e)(s)	vous alliez	vous irez
allez!	ils vont	ils sont allés	ils allaient	ils iront
		elles sont allées		
apprendre *to learn*	**see prendre**			
avoir	j'ai	j'ai eu	j'avais	j'aurai
to have	tu as	tu as eu	tu avais	tu auras
imperative	il a	il a eu	il avait	il aura
aie!	nous avons	nous avons eu	nous avions	nous aurons
ayons!	vous avez	vous avez eu	vous aviez	vous aurez
ayez!	ils ont	ils ont eu	ils avaient	ils auront
boire	je bois	j'ai bu	je buvais	je boirai
to drink	tu bois	tu as bu	tu buvais	tu boiras
imperative	il boit	il a bu	il buvait	il boira
bois!	nous buvons	nous avons bu	nous buvions	nous boirons
buvons!	vous buvez	vous avez bu	vous buviez	vous boirez
buvez!	ils boivent	ils ont bu	ils buvaient	ils boiront
comprendre *to understand*	**see prendre**			
connaître	je connais	j'ai connu	je connaissais	je connaîtrai
to know	tu connais	tu as connu	tu connaissais	tu connaîtras
imperative	il connaît	il a connu	il connaissait	il connaîtra
connais!	nous connaissons	nous avons connu	nous connaissions	nous connaîtrons
connaissons!	vous connaissez	vous avez connu	vous connaissiez	vous connaîtrez
connaissez!	ils connaissent	ils ont connu	ils connaissaient	ils connaîtront
considérer *to consider*	**see espérer**			
courir	je cours	j'ai couru	je courais	je courrai
to run	tu cours	tu as couru	tu courais	tu courras
imperative	il court	il a couru	il courait	il courra
cours!	nous courons	nous avons couru	nous courions	nous courrons
courons!	vous courez	vous avez couru	vous couriez	vous courrez
courez!	ils courent	ils ont couru	ils couraient	ils courront
croire	je crois	j'ai cru	je croyais	je croirai
to believe,	tu crois	tu as cru	tu croyais	tu croiras
to think	il croit	il a cru	il croyait	il croira
imperative	nous croyons	nous avons cru	nous croyions	nous croirons
crois!	vous croyez	vous avez cru	vous croyiez	vous croirez
croyons!	ils croient	ils ont cru	ils croyaient	ils croiront
croyez!				
devoir	je dois	j'ai dû	je devais	je devrai
to have to	tu dois	tu as dû	tu devais	tu devras
imperative	il doit	il a dû	il devait	il devra
dois!	nous devons	nous avons dû	nous devions	nous devrons
devons!	vous devez	vous avez dû	vous deviez	vous devrez
devez!	ils doivent	ils ont dû	ils devaient	ils devront
dire	je dis	j'ai dit	je disais	je dirai
to say	tu dis	tu as dit	tu disais	tu diras
imperative	il dit	il a dit	il disait	il dira
dis!	nous disons	nous avons dit	nous disions	nous dirons
disons!	vous dites	vous avez dit	vous disiez	vous direz
dites!	ils disent	ils ont dit	ils disaient	ils diront

infinitive	present	perfect	imperfect	future
écrire	j'écris	j'ai écrit	j'écrivais	j'écrirai
to write	tu écris	tu as écrit	tu écrivais	tu écriras
imperative	il écrit	il a écrit	il écrivait	il écrira
écris!	nous écrivons	nous avons écrit	nous écrivions	nous écrirons
écrivons!	vous écrivez	vous avez écrit	vous écriviez	vous écrirez
écrivez!	ils écrivent	ils ont écrit	ils écrivaient	ils écriront
envoyer	j'envoie	j'ai envoyé	j'envoyais	j'enverrai
to send	tu envoies	tu as envoyé	tu envoyais	tu enverras
imperative	il envoie	il a envoyé	il envoyait	il enverra
envoie!	nous envoyons	nous avons envoyé	nous envoyions	nous enverrons
envoyons!	vous envoyez	vous avez envoyé	vous envoyiez	vous enverrez
envoyez!	ils envoient	ils ont envoyé	ils envoyaient	ils enverront
espérer	j'espère	j'ai espéré	j'espérais	j'espérerai
to hope	tu espères	tu as espéré	tu espérais	tu espéreras
imperative	il espère	il a espéré	il espérait	il espérera
espère!	nous espérons	nous avons espéré	nous espérions	nous espérerons
espérons!	vous espérez	vous avez espéré	vous espériez	vous espérerez
espérez!	ils espèrent	ils ont espéré	ils espéraient	ils espéreront
essayer	j'essaie	j'ai essayé	j'essayais	j'essayerai
to try	tu essaies	tu as essayé	tu essayais	tu essayeras
imperative	il essaie	il a essayé	ils essayait	il essayera
essaie!	nous essayons	nous avons essayé	nous essayions	nous essayerons
essayons!	vous essayez	vous avez essayé	vous essayiez	vous essayerez
essayez!	ils essaient	ils ont essayé	ils essayaient	ils essayeront
être	je suis	j'ai été	j'étais	je serai
to be	tu es	tu as été	tu étais	tu seras
imperative	il est	il a été	il était	il sera
sois!	nous sommes	nous avons été	nous étions	nous serons
soyons!	vous êtes	vous avez été	vous étiez	vous serez
soyez!	ils sont	ils ont été	ils étaient	ils seront
faire	je fais	j'ai fait	je faisais	je ferai
to do, make	tu fais	tu as fait	tu faisais	tu feras
imperative	il fait	il a fait	il faisait	il fera
fais!	nous faisons	nous avons fait	nous faisions	nous ferons
faisons!	vous faites	vous avez fait	vous faisiez	vous ferez
faites!	ils font	ils ont fait	ils faisaient	ils feront
se lever	je me lève	je me suis levé(e)	je me levais	je me lèverai
to get up	tu te lèves	tu t'es levé(e)	tu te levais	tu te lèveras
imperative	il se lève	il s'est levé	il se levait	il se lèvera
lève-toi!		elle s'est levée		
levons-nous!	nous nous levons	nous nous sommes levé(e)s	nous nous levions	nous nous lèverons
levez-vous!	vous vous levez	vous vous êtes levé(e)(s)	vous vous leviez	vous vous lèverez
	ils se lèvent	ils se sont levés	ils se levaient	ils se lèveront
		elles se sont levées		
lire	je lis	j'ai lu	je lisais	je lirai
to read	tu lis	tu as lu	tu lisais	tu liras
imperative	il lit	il a lu	il lisait	il lira
lis!	nous lisons	nous avons lu	nous lisions	nous lirons
lisons!	vous lisez	vous avez lu	vous lisiez	vous lirez
lisez!	ils lisent	ils ont lu	ils lisaient	ils liront
mettre	je mets	j'ai mis	je mettais	je mettrai
to put, put on	tu mets	tu as mis	tu mettais	tu mettras
imperative	il met	il a mis	il mettait	il mettra
mets!	nous mettons	nous avons mis	nous mettions	nous mettrons
mettons!	vous mettez	vous avez mis	vous mettiez	vous mettrez
mettez!	ils mettent	ils ont mis	ils mettaient	ils mettront